Heinrich von Kleist

~

Der zerbrochene Krug

„Ist es eine Komödie? Oder ein Kriminalstück? Darüber streiten die Gelehrten - fest steht: Der zerbrochene Krug von Heinrich von Kleist ist eines der unterhaltsamsten Werke aus der Riege der deutschsprachigen Weltliteratur.

Ohne zu viel verraten zu wollen: Dorfrichter Adam sitzt über eine Tat zu Gericht, die er selbst begangen hat. Ob das gut für ihn ausgeht? Das er in Panik gerät und obendrein seine Perücke zweckentfremdet wird, hilft ihm auch nicht gerade weiter...

Redaktion Gröls-Verlag (Edition I Werke der Weltliteratur)

Redaktionelle Hinweise und Impressum

Das vorliegende Werk wurde zugunsten der Authentizität sehr zurückhaltend bearbeitet. So wurden etwa ursprüngliche Rechtschreibfehler regelmäßig *nicht* behoben, denn kleine Unvollkommenheiten machen das Buch – wie im Übrigen den Menschen – erst authentisch. Mitunter wurden jedoch zum Beispiel Absätze behutsam neu getrennt, um den Lesefluss zu erleichtern.

Wir sind bemüht, ein ansprechendes Produkt zu gestalten, welches angemessenen Ansprüchen an das Preis/Leistungsverhältnis und vernünftigen Qualitätserwartungen gerecht wird. Um die Texte zu rekonstruieren, werden antiquarische Bücher von leistungsfähigen Lesegeräten gescannt und dann durch eine Software lesbar gemacht. Der so entstandene Text wird von Menschen gegengelesen und korrigiert – Hierbei können gelegentlich Fehler auftreten. Wenn Sie ebenfalls antiquarische Texte einreichen möchten, wenden Sie sich für weitere Informationen gerne an

www.groels.de

Informieren Sie sich dort auch gerne über die anderen Werke aus unserer

Edition | Werke der Weltliteratur

Sie werden es mit 98,102 %iger Wahrscheinlichkeit nicht bereuen.

Die Deutsche Nationalbibliothek verzeichnet dieses Werk in der Deutschen Nationalbibliografie.

Verleger: Hermann-Josef Gröls, Poelchaukamp 20, 22301 Hamburg.

Externer Dienstleister für Distribution und Herstellung: BoD, In de Tarpen 42, 22848 Norderstedt

Der zerbrochene Krug

Ein Lustspiel

Personen:

Walter, Gerichtsrat
Adam, Dorfrichter
Licht, Schreiber
Frau Marthe Rull
Eve, ihre Tochter
Veit Tümpel, ein Bauer
Ruprecht, sein Sohn
Frau Brigitte
Ein Bedienter, Büttel, Mägde usw.

Die Handlung spielt in einem niederländischen Dorf bei Utrecht

Erster Auftritt

Adam sitzt und verbindet sich ein Bein. Licht tritt auf.

Licht
Ei, was zum Henker, sagt, Gevatter Adam!
Was ist mit Euch geschehn? Wie seht Ihr aus?

Adam
Ja, seht. Zum Straucheln brauchts doch nichts als Füße.
Auf diesem glatten Boden, ist ein Strauch hier?
Gestrauchelt bin ich hier; denn jeder trägt
Den leid'gen Stein zum Anstoß in sich selbst.

Licht
Nein, sagt mir, Freund! Den Stein trüg jeglicher—?

Adam
Ja, in sich selbst!

Licht
Verflucht das!

Adam
Was beliebt?

Licht
Ihr stammt von einem lockern Ältervater,
Der so beim Anbeginn der Dinge fiel,
Und wegen seines Falls berühmt geworden;
Ihr seid doch nicht—?

Adam
Nun?

Licht
Gleichfalls—?

Adam

Ob ich—? Ich glaube—!
Hier bin ich hingefallen, sag ich Euch.

Licht

Unbildlich hingeschlagen?

Adam

Ja, unbildlich.
Es mag ein schlechtes Bild gewesen sein.

Licht

Wann trug sich die Begebenheit denn zu?

Adam

Jetzt, in dem Augenblick, da ich dem Bett
Entsteig. Ich hatte noch das Morgenlied
Im Mund, da stolpr ich in den Morgen schon,
Und eh ich noch den Lauf des Tags beginne,
Renkt unser Herrgott mir den Fuß schon aus.

Licht

Und wohl den linken obenein?

Adam

Den linken?

Licht

Hier, den gesetzten?

Adam

Freilich!

Licht

Allgerechter!
Der ohnehin schwer den Weg der Sünde wandelt?

Adam

Der Fuß! Was? Schwer! Warum?

Licht
Der Klumpfuß?

Adam
Klumpfuß!
Ein Fuß ist, wie der andere, ein Klumpen.

Licht
Erlaubt! Da tut Ihr Eurem rechten unrecht.
Der rechte kann sich dieser—Wucht nicht rühmen,
Und wagt sich ehr aufs Schlüpfrige.

Adam
Ach, was!
Wo sich der eine hinwagt, folgt der andre.

Licht
Und was hat das Gesicht Euch so verrenkt?

Adam
Mir das Gesicht?

Licht
Wie? Davon wißt Ihr nichts?

Adam
Ich müßt ein Lügner sein—wie siehts denn aus?

Licht
Wie's aussieht?

Adam
Ja, Gevatterchen.

Licht
Abscheulich!

Adam
Erklärt Euch deutlicher.

Licht
Geschunden ists,
Ein Greul zu sehn. Ein Stück fehlt von der Wange,
Wie groß? Nicht ohne Waage kann ichs schätzen.

Adam
Den Teufel auch!

Licht bringt einen Spiegel.
Hier! Überzeugt Euch selbst!
Ein Schaf, das, eingehetzt von Hunden, sich
Durch Dornen drängt, läßt nicht mehr Wolle sitzen,
Als Ihr—Gott weiß wo?—Fleisch habt sitzen lassen.

Adam
Hm! Ja! 's ist wahr. Unlieblich sieht es aus.
Die Nas hat auch gelitten.

Licht
Und das Auge.

Adam
Das Auge nicht, Gevatter.

Licht
Ei, hier liegt
Querfeld ein Schlag, blutrünstig, straf mich Gott,
Als hätt ein Großknecht wütend ihn geführt.

Adam
Das ist der Augenknochen.—Ja, nun seht,
Das alles hatt ich nicht einmal gespürt.

Licht
Ja, ja! So gehts im Feuer des Gefechts.

Adam
Gefecht! Was?—Mit dem verfluchten Ziegenbock
Am Ofen focht ich, wenn Ihr wollt. Jetzt weiß ichs.

Da ich das Gleichgewicht verlier, und gleichsam
Ertrunken in den Lüften um mich greife,
Fass' ich die Hosen, die ich gestern abend
Durchnäßt an das Gestell des Ofens hing.
Nun fass' ich sie, versteht Ihr, denke mich,
Ich Tor, daran zu halten, und nun reißt
Der Bund; Bund jetzt und Hos und ich, wir stürzen,
Und häuptlings mit dem Stirnblatt schmettr ich auf
Den Ofen hin, just wo ein Ziegenbock
Die Nase an der Ecke vorgestreckt.

Licht lacht.
Gut, gut.

Adam
Verdammt!

Licht
Der erste **Adam**sfall,
Den Ihr aus einem Bett hinaus getan.

Adam
Mein Seel!—Doch, was ich sagen wollte, was gibts
Neues?

Licht
Ja, was es Neues gibt! Der Henker hols,
Hätt ichs doch bald vergessen.

Adam
Nun?

Licht
Macht Euch bereit auf unerwarteten
Besuch aus Utrecht.

Adam
So?

Licht
Der Herr Gerichtsrat kömmt.

Adam
Wer kömmt?

Licht
Der Herr Gerichtsrat Walter kömmt, aus Utrecht.
Er ist in Revisions-Bereisung auf den Ämtern,
Und heut noch trifft er bei uns ein.

Adam
Noch heut! Seid Ihr bei Trost?

Licht
So wahr ich lebe.
Er war in Holla, auf dem Grenzdorf, gestern,
Hat das Justizamt dort schon revidiert.
Ein Bauer sah zur Fahrt nach Huisum schon
Die Vorspannpferde vor den Wagen schirren.

Adam
Heut noch, er, der Gerichtsrat, her, aus Utrecht!
Zur Revision, der wackre Mann, der selbst
Sein Schäfchen schiert, dergleichen Fratzen haßt.
Nach Huisum kommen und uns kujonieren!

Licht
Kam er bis Holla, kommt er auch bis Huisum.
Nehmt Euch in acht.

Adam
Ach, geht!

Licht
Ich sag es Euch.

Adam
Geht mir mit Eurem Märchen, sag ich Euch.

Licht
Der Bauer hat ihn selbst gesehn, zum Henker.

Adam
Wer weiß, wen der triefäugige Schuft gesehn.
Die Kerle unterscheiden ein Gesicht
Von einem Hinterkopf nicht, wenn er kahl ist.
Setzt einen Hut dreieckig auf mein Rohr,
Hängt ihm den Mantel um, zwei Stiefeln drunter,
So hält so'n Schubjak ihn, für wen Ihr wollt.

Licht
Wohlan, so zweifelt fort, ins Teufels Namen,
Bis er zur Tür hier eintritt.

Adam
Er, eintreten!—
Ohn uns ein Wort vorher gesteckt zu haben.

Licht
Der Unverstand! Als obs der vorige
Revisor noch, der Rat Wacholder, wäre!
Es ist Rat **Walter** jetzt, der revidiert.

Adam
Wenn gleich Rat Walter! Geht, laßt mich zufrieden.
Der Mann hat seinen Amtseid ja geschworen,
Und praktisiert, wie wir, nach den
Bestehenden Edikten und Gebräuchen.

Licht
Nun, ich versichr Euch, der Gerichtsrat Walter
Erschien in Holla unvermutet gestern,
Vis'tierte Kassen und Registraturen,
Und suspendierte Richter dort und Schreiber,
Warum? ich weiß nicht, ab officio.

Adam
Den Teufel auch? Hat das der Bauer gesagt?

Licht
Dies und noch mehr—

Adam
So?

Licht
Wenn Ihrs wissen wollt.
Denn in der Frühe heut sucht man den Richter,
Dem man in seinem Haus Arrest gegeben,
Und findet hinten in der Scheuer ihn
Am Sparren hoch des Daches aufgehangen.

Adam
Was sagt Ihr?

Licht
Hilf inzwischen kommt herbei,
Man löst ihn ab, man reibt ihn, und begießt ihn,
Ins nackte Leben bringt man ihn zurück.

Adam
So? Bringt man ihn?

Licht
Doch jetzo wird versiegelt
In seinem Haus, vereidet und verschlossen,
Es ist, als wär er eine Leiche schon,
Und auch sein Richteramt ist schon beerbt.

Adam
Ei, Henker, seht!—Ein liederlicher Hund wars—
Sonst eine ehrliche Haut, so wahr ich lebe,
Ein Kerl, mit dem sichs gut zusammen war;
Doch grausam liederlich, das muß ich sagen.

Wenn der Gerichtsrat heut in Holla war,
So gings ihm schlecht, dem armen Kauz, das glaub ich.

Licht
Und dieser Vorfall einzig, sprach der Bauer,
Sei schuld, daß der Gerichtsrat noch nicht hier;
Zu Mittag treff er doch ohnfehlbar ein.

Adam
Zu Mittag! Gut, Gevatter! Jetzt gilts Freundschaft.
Ihr wißt, wie sich zwei Hände waschen können.
Ihr wollt auch gern, ich weiß, Dorfrichter werden,
Und Ihr verdients, bei Gott, so gut wie einer.
Doch heut ist noch nicht die Gelegenheit,
Heut laßt Ihr noch den Kelch vorübergehn.

Licht
Dorfrichter, ich! Was denkt Ihr auch von mir?

Adam
Ihr seid ein Freund von wohlgesetzter Rede,
Und Euren Cicero habt Ihr studiert
Trotz Einem auf der Schul in Amsterdam.
Drückt Euren Ehrgeiz heut hinunter, hört Ihr?
Es werden wohl sich Fälle noch ergeben,
Wo Ihr mit Eurer Kunst Euch zeigen könnt.

Licht
Wir zwei Gevatterleute! Geht mir fort.

Adam
Zu seiner Zeit, Ihr wißts, schwieg auch der große
Demosthenes. Folgt hierin seinem Muster.
Und bin ich König nicht von Mazedonien,
Kann ich auf meine Art doch dankbar sein.

Licht
Geht mir mit Eurem Argwohn, sag ich Euch.
Hab ich jemals—?

Adam
Seht, ich, ich, für mein Teil,
Dem großen Griechen folg ich auch. Es ließe
Von Depositionen sich und Zinsen
Zuletzt auch eine Rede ausarbeiten:
Wer wollte solche Perioden drehn?

Licht
Nun, also!

Adam
Von solchem Vorwurf bin ich rein,
Der Henker hols! Und alles, was es gilt,
Ein Schwank ists etwa, der, zur Nacht geboren,
Des Tags vorwitz'gen Lichtstrahl scheut.

Licht
Ich weiß.

Adam
Mein Seel! Es ist kein Grund, warum ein Richter,
Wenn er nicht auf dem Richtstuhl sitzt,
Soll gravitätisch wie ein Eisbär sein.

Licht
Das sag ich auch.

Adam
Nun denn, so kommt, Gevatter,
Folgt mir ein wenig zur Registratur;
Die Aktenstöße setz ich auf, denn die,
Die liegen wie der Turm zu Babylon.

Zweiter Auftritt

Ein Bedienter tritt auf. Die Vorigen.—Nachher zwei Mägde.

Der Bediente
Gott helf, Herr Richter! Der Gerichtsrat Walter
Läßt seinen Gruß vermelden, gleich wird er hier sein.

Adam
Ei, du gerechter Himmel! Ist er mit Holla
Schon fertig?

Der Bediente
Ja, er ist in Huisum schon.

Adam
He! Liese! Grete!

Licht
Ruhig, ruhig jetzt.

Adam
Gevatterchen!

Licht
Laßt Euern Dank vermelden.

Der Bediente
Und morgen reisen wir nach Hussahe.

Adam
Was tu ich jetzt? Was laß ich?
Er greift nach seinen Kleidern.

Erste Magd tritt auf.
Hier bin ich, Herr.

Licht
Wollt Ihr die Hosen anziehn? Seid Ihr toll?

Zweite Magd tritt auf.
Hier bin ich, Herr Dorfrichter.

Licht
Nehmt den Rock.

Adam sieht sich um.
Wer? Der Gerichtsrat?

Licht
Ach, die Magd ist es.

Adam
Die Bäffchen! Mantel! Kragen!

Erste Magd
Erst die Weste!

Adam
Was?—Rock aus? Hurtig!

Licht zum Bedienten.
Der Herr Gerichtsrat werden
Hier sehr willkommen sein. Wir sind sogleich
Bereit, ihn zu empfangen. Sagt ihm das.

Adam
Den Teufel auch! Der Richter Adam läßt sich
Entschuldigen.

Licht
Entschuldigen!

Adam
Entschuld'gen.
Ist er schon unterwegs etwa?

Der Bediente
Er ist
Im Wirtshaus noch. Er hat den Schmied bestellt;
Der Wagen ging entzwei.

Adam
Gut. Mein Empfehl!
Der Schmied ist faul. Ich ließe mich entschuldigen.
Ich hätte Hals und Beine fast gebrochen,
Schaut selbst, 's ist ein Spektakel, wie ich ausseh;
Und jeder Schreck purgiert mich von Natur.
Ich wäre krank.

Licht
Seid Ihr bei Sinnen?—
Der Herr Gerichtsrat wär sehr angenehm.
—Wollt Ihr?

Adam
Zum Henker!

Licht
Was?

Adam
Der Teufel soll mich holen,
Ists nicht so gut, als hätt ich schon ein Pulver!

Licht
Das fehlt noch, daß Ihr auf den Weg ihm leuchtet.

Adam
Margarete! he! Der Sack voll Knochen! Liese!

Die beiden Mägde
Hier sind wir ja. Was wollt Ihr?

Adam
Fort! sag ich.
Kuhkäse, Schinken, Butter, Würste, Flaschen
Aus der Registratur geschafft! Und flink!—
Du nicht. Die andere.—Maulaffe! Du, ja!

—Gotts Blitz, Margarete! Liese soll, die Kuhmagd,
In die Registratur!

(Die erste Magd geht ab.)

Die zweite Magd
Sprecht, soll man Euch verstehn!

Adam
Halts Maul jetzt, sag ich—! Fort! schaff mir die Perücke!
Marsch! Aus dem Bücherschrank! Geschwind! Pack dich!

(Die zweite Magd ab.)

Licht zum Bedienten.
Es ist dem Herrn Gerichtsrat, will ich hoffen,
Nichts Böses auf der Reise zugestoßen?

Der Bediente
Je, nun! Wir sind im Hohlweg umgeworfen.

Adam
Pest! Mein geschundner Fuß! Ich krieg die Stiefeln—

Licht
Ei, du mein Himmel! Umgeworfen, sagt Ihr?
Doch keinen Schaden weiter—?

Der Bediente
Nichts von Bedeutung.
Der Herr verstauchte sich die Hand ein wenig.
Die Deichsel brach.

Adam
Daß er den Hals gebrochen!

Licht
Die Hand verstaucht! Ei, Herr Gott! Kam der Schmied schon?

Der Bediente
Ja, für die Deichsel.

Licht
Was?

Adam
Ihr meint, der Doktor.

Licht
Was?

Der Bediente
Für die Deichsel?

Adam
Ach, was! Für die Hand.

Der Bediente
Adies, ihr Herrn.—Ich glaub, die Kerls sind toll.
(Ab.)

Licht
Den Schmied meint ich.

Adam
Ihr gebt Euch bloß, Gevatter.

Licht
Wieso?

Adam
Ihr seid verlegen.

Licht
Was!

Die erste Magd tritt auf.

Adam
He! Liese!
Was hast du da?

Erste Magd
Braunschweiger Wurst, Herr Richter.

Adam
Das sind Pupillenakten.

Licht
Ich, verlegen!

Adam
Die kommen wieder zur Registratur.

Erste Magd
Die Würste?

Adam
Würste! Was! Der Einschlag hier.

Licht
Es war ein Mißverständnis.

Die zweite Magd tritt auf.
Im Bücherschrank,
Herr Richter, find ich die Perücke nicht.

Adam
Warum nicht?

Zweite Magd
Hm! Weil Ihr—

Adam
Nun?

Zweite Magd
Gestern abend—
Glock elf—

Adam
Nun? Werd ichs hören?

Zweite Magd
Ei, Ihr kamt ja,
Besinnt Euch, ohne die Perück ins Haus.

Adam
Ich, ohne die Perücke?

Zweite Magd
In der Tat.
Da ist die Liese, die's bezeugen kann.
Und Eure andr ist beim Perückenmacher.

Adam
Ich wär—?

Erste Magd
Ja, meiner Treu, Herr Richter Adam!
Kahlköpfig wart Ihr, als Ihr wiederkamt;
Ihr spracht, Ihr wärt gefallen, wißt Ihr nicht?
Das Blut mußt ich Euch noch vom Kopfe waschen.

Adam
Die Unverschämte!

Erste Magd
Ich will nicht ehrlich sein.

Adam
Halts Maul, sag ich, es ist kein wahres Wort.

Licht
Habt Ihr die Wund seit gestern schon?

Adam
Nein, heut.
Die Wunde heut und gestern die Perücke.
Ich trug sie weiß gepudert auf dem Kopfe,
Und nahm sie mit dem Hut, auf Ehre, bloß,
Als ich ins Haus trat, aus Versehen ab.

Was die gewaschen hat, das weiß ich nicht.
—Scher dich zum Satan, wo du hingehörst!
In die Registratur!

(Erste Magd ab.)

Geh, Margarete!
Gevatter Küster soll mir seine borgen;
In meine hätt die Katze heute morgen
Gejungt, das Schwein! Sie läge eingesäuet
Mir unterm Bette da, ich weiß nun schon.

Licht
Die Katze? Was? Seid Ihr—?

Adam
So wahr ich lebe.
Fünf Junge, gelb und schwarz, und eins ist weiß.
Die schwarzen will ich in der Vecht ersäufen.
Was soll man machen? Wollt Ihr eine haben?

Licht
In die Perücke?

Adam
Der Teufel soll mich holen!
Ich hatte die Perücke aufgehängt,
Auf einen Stuhl, da ich zu Bette ging,
Den Stuhl berühr ich in der Nacht, sie fällt—

Licht
Drauf nimmt die Katze sie ins Maul—

Adam
Mein Seel—

Licht
Und trägt sie unters Bett und jungt darin.

Adam
Ins Maul? Nein—

Licht
Nicht? Wie sonst?

Adam
Die Katz? Ach, was!

Licht
Nicht? Oder Ihr vielleicht?

Adam
Ins Maul! Ich glaube
Ich stieß sie mit dem Fuße heut hinunter,
Als ich es sah.

Licht
Gut, gut.

Adam
Kanaillen die!
Die balzen sich und jungen, wo ein Platz ist.

Zweite Magd kichernd.
Soll ich hingehn?

Adam
Ja, und meinen Gruß
An Muhme Schwarzgewand, die Küsterin.
Ich schickt ihr die Perücke unversehrt
Noch heut zurück, ihm brauchst du nichts zu sagen.
Verstehst du mich?

Zweite Magd
Ich werd es schon bestellen.
(Ab.)

Dritter Auftritt

Adam und **Licht**.

Adam
Mir ahndet heut nichts Guts, Gevatter **Licht**.

Licht
Warum?

Adam
Es geht bunt alles über Ecke mir.
Ist nicht auch heut Gerichtstag?

Licht
Allerdings.
Die Kläger stehen vor der Türe schon.

Adam
—Mir träumt', es hätt ein Kläger mich ergriffen
Und schleppte vor den Richtstuhl mich; und ich,
Ich säße gleichwohl auf dem Richtstuhl dort,
Und schält' und hunzt' und schlingelte mich herunter,
Und judiziert' den Hals ins Eisen mir.

Licht
Wie? Ihr Euch selbst?

Adam
So wahr ich ehrlich bin.
Drauf wurden beide wir zu eins, und flohn,
Und mußten in den Fichten übernachten.

Licht
Nun? Und der Traum, meint Ihr—?

Adam
Der Teufel hols.
Wenns auch der Traum nicht ist: ein Schabernack,
Sei's, wie es woll, ist wider mich im Werk!

Licht
Die läpp'sche Furcht! Gebt Ihr nur vorschriftsmäßig,
Wenn der Gerichtsrat gegenwärtig ist,
Recht den Parteien auf dem Richterstuhle,
Damit der Traum vom ausgehunzten Richter
Auf andre Art nicht in Erfüllung geht.

Vierter Auftritt

Der Gerichtsrat **Walter** tritt auf. Die Vorigen.

Walter
Gott grüß Euch, Richter **Adam**.

Adam
Ei, willkommen!
Willkommen, gnäd'ger Herr, in unserm Huisum!
Wer konnte, du gerechter Gott, wer konnte
So freudigen Besuches sich gewärt'gen.
Kein Traum, der heute früh Glock achte noch
Zu solchem Glücke sich versteigen durfte.

Walter
Ich komm ein wenig schnell, ich weiß; und muß
Auf dieser Reis', in unsrer Staaten Dienst,
Zufrieden sein, wenn meine Wirte mich
Mit wohlgemeintem Abschiedsgruß entlassen.
Inzwischen ich, was meinen Gruß betrifft,
Ich meins von Herzen gut, schon wenn ich komme.
Das Obertribunal in Utrecht will
Die Rechtspfleg auf dem platten Land verbessern,
Die mangelhaft von mancher Seite scheint,
Und strenge Weisung hat der Mißbrauch zu erwarten.
Doch mein Geschäft auf dieser Reis' ist noch
Ein strenges nicht, sehn soll ich bloß, nicht strafen,

Und find ich gleich nicht alles, wie es soll,
Ich freue mich, wenn es erträglich ist.

Adam

Fürwahr, so edle Denkart muß man loben.
Ew. Gnaden werden hie und da, nicht zweifl ich,
Den alten Brauch im Recht zu tadeln wissen;
Und wenn er in den Niederlanden gleich
Seit Kaiser Karl dem Fünften schon besteht:
Was läßt sich in Gedanken nicht erfinden?
Die Welt, sagt unser Sprichwort, wird stets klüger,
Und alles liest, ich weiß, den Puffendorf;
Doch Huisum ist ein kleiner Teil der Welt,
Auf den nicht mehr, nicht minder, als sein Teil nur
Kann von der allgemeinen Klugheit kommen.
Klärt die Justiz in Huisum gütigst auf,
Und überzeugt Euch, gnäd'ger Herr, Ihr habt
Ihr noch so bald den Rücken nicht gekehrt,
Als sie auch völlig Euch befried'gen wird;
Doch fändet Ihr sie heut im Amte schon,
Wie Ihr es wünscht, mein Seel, so wärs ein Wunder,
Da sie nur dunkel weiß noch, was Ihr wollt.

Walter

Es fehlt an Vorschriften, ganz recht. Vielmehr
Es sind zu viel, man wird sie sichten müssen.

Adam

Ja, durch ein großes Sieb. Viel Spreu! Viel Spreu!

Walter

Das ist dort der Herr Schreiber?

Licht

Der Schreiber **Licht**,
Zu Eurer Gnaden Diensten. Pfingsten
Neun Jahre, daß ich im Justizamt bin.

Adam bringt einen Stuhl.
Setzt Euch.

Walter
Laßt sein.

Adam
Ihr kommt von Holla schon.

Walter
Zwei kleine Meilen—Woher wißt Ihr das?

Adam
Woher? Ew. Gnaden Diener—

Licht
Ein Bauer sagt' es,
Der eben jetzt von Holla eingetroffen.

Walter
Ein Bauer?

Adam
Aufzuwarten.

Walter
—Ja! Es trug sich
Dort ein unangenehmer Vorfall zu,
Der mir die heitre Laune störte,
Die in Geschäften uns begleiten soll.—
Ihr werdet davon unterrichtet sein?

Adam
Wärs wahr, gestrenger Herr? Der Richter Pfaul,
Weil er Arrest in seinem Haus empfing,
Verzweiflung hätt den Toren überrascht,
Er hing sich auf?

Walter
Und machte Übel ärger.

Was nur Unordnung schien, Verworrenheit,
Nimmt jetzt den Schein an der Veruntreuung,
Die das Gesetz, Ihr wißts, nicht mehr verschont.—
Wie viele Kassen habt Ihr?

Adam
Fünf, zu dienen.

Walter
Wie, fünf? Ich stand im Wahn—Gefüllte Kassen?
Ich stand im Wahn, daß Ihr nur vier—

Adam
Verzeiht!
Mit der Rhein-Inundations-Kollekten-Kasse?

Walter
Mit der Inundations-Kollekten-Kasse!
Doch jetzo ist der Rhein nicht inundiert,
Und die Kollekten gehn mithin nicht ein.
—Sagt doch, Ihr habt ja wohl Gerichtstag heut?

Adam
Ob wir—?

Walter
Was?

Licht
Ja, den ersten in der Woche.

Walter
Und jene Schar von Leuten, die ich draußen
Auf Eurem Flure sah, sind das—?

Adam
Das werden—

Licht
Die Kläger sinds, die sich bereits versammeln.

Walter
Gut. Dieser Umstand ist mir lieb, ihr Herren.
Laßt diese Leute, wenns beliebt, erscheinen.
Ich wohne dem Gerichtsgang bei; ich sehe,
Wie er in Eurem Huisum üblich ist.
Wir nehmen die Registratur, die Kassen
Nachher, wenn diese Sache abgetan.

Adam
Wie Ihr befehlt.—Der Büttel! He! Hanfriede!

Fünfter Auftritt

Die zweite Magd tritt auf. Die Vorigen.

Zweite Magd
Gruß von Frau Küsterin, Herr Richter **Adam**;
So gern sie die Perück Euch auch—

Adam
Wie? Nicht?

Zweite Magd
Sie sagt, es wäre Morgenpredigt heute;
Der Küster hätte selbst die eine auf,
Und seine andre wäre unbrauchbar,
Sie sollte heut zu dem Perückenmacher.

Adam
Verflucht!

Zweite Magd
Sobald der Küster wieder kömmt,
Wird sie jedoch sogleich Euch seine schicken.

Adam
Auf meine Ehre, gnäd'ger Herr—

Walter
Was gibts?

Adam
Ein Zufall, ein verwünschter, hat um beide
Perücken mich gebracht. Und jetzt bleibt mir
Die dritte aus, die ich mir leihen wollte:
Ich muß kahlköpfig den Gerichtstag halten.

Walter
Kahlköpfig!

Adam
Ja, beim ew'gen Gott! So sehr
Ich ohne der Perücke Beistand um
Mein Richteransehn auch verlegen bin.
—Ich müßt es auf dem Vorwerk noch versuchen,
Ob mir vielleicht der Pächter—?

Walter
Auf dem Vorwerk!
Kann jemand anders hier im Orte nicht—?

Adam
Nein, in der Tat—

Walter
Der Prediger vielleicht.

Adam
Der Prediger? Der—

Walter
Oder Schulmeister.

Adam
Seit der Sackzehnte abgeschafft, Ew. Gnaden,
Wozu ich hier im Amte mitgewirkt,
Kann ich auf beider Dienste nicht mehr rechnen.

Walter
Nun, Herr Dorfrichter? Nun? Und der Gerichtstag?
Denkt Ihr zu warten, bis die Haar Euch wachsen?

Adam
Ja, wenn Ihr mir erlaubt, schick ich aufs Vorwerk.

Walter
—Wie weit ists auf das Vorwerk?

Adam
Ei! Ein kleines Halbstündchen.

Walter
Eine halbe Stunde, was!
Und Eurer Sitzung Stunde schlug bereits.
Macht fort! Ich muß noch heut nach Hussahe.

Adam
Macht fort! ja—

Walter
Ei, so pudert Euch den Kopf ein!
Wo Teufel auch, wo ließt Ihr die Perücken?
—Helft Euch, so gut Ihr könnt. Ich habe Eile.

Adam
Auch das.

Der Büttel tritt auf.
Hier ist der Büttel!

Adam
Kann ich inzwischen
Mit einem guten Frühstück, Wurst aus Braunschweig,
Ein Gläschen Danziger etwa—

Walter
Danke sehr.

Adam
Ohn Umständ!

Walter
Dank, Ihr hörts, habs schon genossen.
Geht Ihr, und nutzt die Zeit, ich brauche sie,
In meinem Büchlein etwas mir zu merken.

Adam
Nun, wenn Ihr so befehlt—Komm, Margarete!

Walter
—Ihr seid ja bös verletzt, Herr Richter **Adam**.
Seid Ihr gefallen?

Adam
—Hab einen wahren Mordschlag
Heut früh, als ich dem Bett entstieg, getan:
Seht, gnäd'ger Herr Gerichtsrat, einen Schlag
Ins Zimmer hin, ich glaubt, es wär ins Grab.

Walter
Das tut mir leid.—Es wird doch weiter nicht
Von Folgen sein?

Adam
Ich denke nicht. Und auch
In meiner Pf**Licht** solls weiter mich nicht stören. Erlaubt!

Walter
Geht, geht!

Adam zum Büttel.
Die Kläger rufst du—Marsch!

(**Adam**, die Magd und der Büttel ab.)

Sechster Auftritt

Frau Marthe, **Eve**, **Veit** und **Ruprecht** treten auf.—**Walter** und **Licht** im Hintergrunde.

Frau Marthe
Ihr krugzertrümmerndes Gesindel, ihr!
Ihr sollt mir büßen, ihr!

Veit
Sei Sie nur ruhig,
Frau Marth! Es wird sich alles hier entscheiden.

Frau Marthe
O ja. Entscheiden. Seht doch! Den Klugschwätzer!
Den Krug mir, den zerbrochenen, entscheiden!
Wer wird mir den geschiednen Krug entscheiden?
Hier wird entschieden werden, daß geschieden
Der Krug mir bleiben soll. Für so'n Schiedsurteil
Geb ich noch die geschiednen Scherben nicht.

Veit
Wenn Sie sich Recht erstreiten kann, Sie hörts,
Ersetz ich ihn.

Frau Marthe
Er mir den Krug ersetzen.
Wenn ich mir Recht erstreiten kann, ersetzen.
Setz Er den Krug mal hin, versuch Ers mal,
Setz Er'n mal hin auf das Gesims! Ersetzen!
Den Krug, der kein Gebein zum Stehen hat,
Zum Liegen oder Sitzen hat, ersetzen!

Veit
Sie hörts! Was geifert Sie? Kann man mehr tun?
Wenn einer Ihr von uns den Krug zerbrochen,
Soll Sie entschädigt werden.

Frau Marthe
Ich entschädigt!

Als ob ein Stück von meinem Hornvieh spräche.
Meint Er, daß die Justiz ein Töpfer ist?
Und kämen die Hochmögenden und bänden
Die Schürze vor, und trügen ihn zum Ofen,
Die könnten sonst was in den Krug mir tun,
Als ihn entschädigen. Entschädigen!

Ruprecht
Laß Er sie, Vater. Folg Er mir. Der Drache!
's ist der zerbrochne Krug nicht, der sie wurmt,
Die Hochzeit ist es, die ein Loch bekommen,
Und mit Gewalt hier denkt sie sie zu flicken.
Ich aber setze noch den Fuß eins drauf:
Verflucht bin ich, wenn ich die Metze nehme.

Frau Marthe
Der eitle Flaps! Die Hochzeit ich hier flicken!
Die Hochzeit, nicht des Flickdrahts, unzerbrochen,
Nicht Einen von des Kruges Scherben wert.
Und stünd die Hochzeit blankgescheuert vor mir,
Wie noch der Krug auf dem Gesimse gestern,
So faßt ich sie beim Griff jetzt mit den Händen,
Und schlüg sie gellend Ihm am Kopf entzwei,
Nicht aber hier die Scherben möcht ich flicken!
Sie flicken!

Eve
Ruprecht!

Ruprecht
Fort, du—!

Eve
Liebster **Ruprecht**!

Ruprecht
Mir aus den Augen!

Eve
Ich beschwöre dich.

Ruprecht
Die liederliche—! Ich mag nicht sagen, was.

Eve
Laß mich ein einz'ges Wort dir heimlich—

Ruprecht
Nichts!

Eve
Du gehst zum Regimente jetzt, o Ruprecht,
Wer weiß, wenn du erst die Muskete trägst,
Ob ich dich je im Leben wieder sehe.
Krieg ists, bedenke, Krieg, in den du ziehst:
Willst du mit solchem Grolle von mir scheiden?

Ruprecht
Groll? Nein, bewahr mich Gott, das will ich nicht.
Gott schenk dir so viel Wohlergehn, als er
Erübrigen kann. Doch kehrt ich aus dem Kriege
Gesund, mit erzgegoßnem Leib zurück,
Und würd in Huisum achtzig Jahre alt,
So sagt ich noch im Tode zu dir: Metze!
Du willsts ja selber vor Gericht beschwören.

Frau Marthe zu **Eve**.
Hinweg! Was sagt ich dir? Willst du dich noch
Beschimpfen lassen? Der Herr Korporal
Ist was für dich, der würd'ge Holzgebein,
Der seinen Stock im Militär geführt,
Und nicht dort der Maulaffe, der dem Stock
Jetzt seinen Rücken bieten wird. Heut ist
Verlobung, Hochzeit, wäre Taufe heute,
Es wär mir recht, und mein Begräbnis leid ich,

Wenn ich dem Hochmut erst den Kamm zertreten,
Der mir bis an die Krüge schwillet.

Eve
Mutter!
Laßt doch den Krug! Laßt mich doch in der Stadt versuchen,
Ob ein geschickter Handwerksmann die Scherben
Nicht wieder Euch zur Lust zusammenfügt.
Und wärs um ihn geschehn, nehmt meine ganze
Sparbüchse hin, und kauft Euch einen neuen.
Wer wollte doch um einen irdnen Krug,
Und stammt' er von Herodes' Zeiten her,
Solch einen Aufruhr, so viel Unheil stiften.

Frau Marthe
Du sprichst, wie du's verstehst. Willst du etwa
Die Fiedel tragen, Evchen, in der Kirche
Am nächsten Sonntag reuig Buße tun?
Dein guter Name lag in diesem Topfe,
Und vor der Welt mit ihm ward er zerstoßen,
Wenn auch vor Gott nicht, und vor mir und dir.
Der Richter ist mein Handwerksmann, der Scherge,
Der Block ists, Peitschenhiebe, die es braucht,
Und auf den Scheiterhaufen das Gesindel,
Wenns unsre Ehre weiß zu brennen gilt,
Und diesen Krug hier wieder zu glasieren.

Siebenter Auftritt

Adam im Ornat, doch ohne Perücke, tritt auf. Die Vorigen.

Adam für sich.
Ei, Evchen. Sieh! Und der vierschröt'ge Schlingel,
Der **Ruprecht**! Ei, was Teufel, sieh! die ganze Sippschaft!
—Die werden mich doch nicht bei mir verklagen?

Eve
O liebste Mutter, folgt mir, ich beschwör Euch,
Laßt diesem Unglückszimmer uns entfliehen!

Adam
Gevatter! sagt mir doch, was bringen die?

Licht
Was weiß ich? Lärm um nichts; Lappalien.
Es ist ein Krug zerbrochen worden, hör ich.

Adam
Ein Krug! So! Ei!—Ei, wer zerbrach den Krug?

Licht
Wer ihn zerbrochen?

Adam
Ja, Gevatterchen.

Licht
Mein Seel, setzt Euch: so werdet Ihrs erfahren.

Adam heimlich.
Evchen!

Eve gleichfalls.
Geh Er.

Adam
Ein Wort.

Eve
Ich will nichts wissen.

Adam
Was bringt ihr mir?

Eve
Ich sag Ihm, Er soll gehn.

Adam
Evchen! Ich bitte dich! Was soll mir das bedeuten?

Eve
Wenn Er nicht gleich—! Ich sags Ihm, laß Er mich.

Adam zu **Licht**.
Gevatter, hört, mein Seel, ich halts nicht aus.
Die Wund am Schienbein macht mir Übelkeiten;
Führt Ihr die Sach, ich will zu Bette gehn.

Licht
Zu Bett—? Ihr wollt—? Ich glaub, Ihr seid verrückt.

Adam
Der Henker hols. Ich muß mich übergeben.

Licht
Ich glaub, Ihr rast, im Ernst. Soeben kommt Ihr—?
—Meinethalben. Sagts dem Herrn Gerichtsrat dort.
Vielleicht erlaubt ers.—Ich weiß nicht, was Euch fehlt.

Adam wieder zu **Even**.
Evchen! Ich flehe dich! Um alle Wunden!
Was ists, das ihr mir bringt?

Eve
Er wirds schon hören.

Adam
Ists nur der Krug dort, den die Mutter hält,
Den ich, soviel—?

Eve
Ja, der zerbrochne Krug nur.

Adam
Und weiter nichts?

Eve
Nichts weiter.

Adam
Nichts? Gewiß nichts?

Eve
Ich sag Ihm, geh Er. Laß Er mich zufrieden.

Adam
Hör du, bei Gott, sei klug, ich rat es dir.

Eve
Er Unverschämter!

Adam
In dem Attest steht
Der Name jetzt, Frakturschrift, **Ruprecht** Tümpel.
Hier trag ichs fix und fertig in der Tasche;
Hörst du es knackern, Evchen? Sieh, das kannst du,
Auf meine Ehr, heut übers Jahr dir holen,
Dir Trauerschürz und Mieder zuzuschneiden,
Wenns heißt: der **Ruprecht** in Batavia
Krepiert'—ich weiß an welchem Fieber nicht,
Wars gelb, wars scharlach, oder war es faul.

Walter
Sprecht nicht mit den Parteien, Herr Richter **Adam**,
Vor der Session! Hier setzt Euch, und befragt sie.

Adam
Was sagt er?—Was befehlen Ew. Gnaden?

Walter
Was ich befehl?—Ich sagte deutlich Euch,
Daß Ihr nicht heimlich vor der Sitzung sollt
Mit den Parteien zweideut'ge Sprache führen.

Hier ist der Platz, der Eurem Amt gebührt,
Und öffentlich Verhör, was ich erwarte.

Adam für sich.
Verflucht! Ich kann mich nicht dazu entschließen—!
Es klirrte etwas, da ich Abschied nahm—

Licht ihn aufschreckend.
Herr Richter! Seid Ihr—!

Adam
Ich? Auf Ehre nicht!
Ich hatte sie behutsam drauf gehängt,
Und müßt ein Ochs gewesen sein—

Licht
Was?

Adam
Was?

Licht
Ich fragte—!

Adam
Ihr fragtet, ob ich—?

Licht
Ob Ihr taub seid, fragt ich.
Dort Sr. Gnaden haben Euch gerufen.

Adam
Ich glaubte—! Wer ruft?

Licht
Der Herr Gerichtsrat dort.

Adam für sich.
Ei! Hols der Henker auch! Zwei Fälle gibts,
Mein Seel, nicht mehr, und wenns nicht biegt, so brichts.

—Gleich! Gleich! Gleich! Was befehlen Ew. Gnaden?
Soll jetzt die Prozedur beginnen?

Walter
Ihr seid ja sonderbar zerstreut. Was fehlt Euch?

Adam
—Auf Ehr! Verzeiht. Es hat ein Perlhuhn mir,
Das ich von einem Indienfahrer kaufte,
Den Pips: ich soll es nudeln, und verstehs nicht,
Und fragte dort die Jungfer bloß um Rat.
Ich bin ein Narr in solchen Dingen, seht,
Und meine Hühner nenn ich meine Kinder.

Walter
Hier. Setzt Euch. Ruft den Kläger und vernehmt ihn.
Und Ihr, Herr Schreiber, führt das Protokoll.

Adam
Befehlen Ew. Gnaden den Prozeß
Nach den Formalitäten, oder so,
Wie er in Huisum üblich ist, zu halten?

Walter
Nach den gesetzlichen Formalitäten,
Wie er in Huisum üblich ist, nicht anders.

Adam
Gut, gut. Ich werd Euch zu bedienen wissen.
Seid Ihr bereit, Herr Schreiber?

Licht
Zu Euren Diensten.

Adam
—So nimm, Gerechtigkeit, denn deinen Lauf!
Kläger trete vor.

Frau Marthe
Hier, Herr Dorfrichter!

Adam
Wer seid Ihr?

Frau Marthe
Wer—?

Adam
Ihr.

Frau Marthe
Wer ich—?

Adam
Wer Ihr seid!
Wes Namens, Standes, Wohnorts, und so weiter.

Frau Marthe
Ich glaub, Er spaßt, Herr Richter.

Adam
Spaßen, was!
Ich sitz im Namen der Justiz, Frau Marthe,
Und die Justiz muß wissen, wer Ihr seid.

Licht halblaut.
Laßt doch die sonderbare Frag—

Frau Marthe
Ihr guckt
Mir alle Sonntag in die Fenster ja,
Wenn Ihr aufs Vorwerk geht!

Walter
Kennt Ihr die Frau?

Adam
Sie wohnt hier um die Ecke, Ew. Gnaden,

Wenn man den Fußsteig durch die Hecken geht;
Witw' eines Kastellans, Hebamme jetzt,
Sonst eine ehrliche Frau, von gutem Rufe.

Walter
Wenn Ihr so unterrichtet seid, Herr Richter,
So sind dergleichen Fragen überflüssig.
Setzt ihren Namen in das Protokoll,
Und schreibt dabei: dem Amte wohlbekannt.

Adam
Auch das. Ihr seid nicht für Formalitäten.
Tut so, wie Sr. Gnaden anbefohlen.

Walter
Fragt nach dem Gegenstand der Klage jetzt.

Adam
Jetzt soll ich—?

Walter
Ja, den Gegenstand ermitteln!

Adam
Das ist gleichfalls ein Krug, verzeiht.

Walter
Wie? Gleichfalls!

Adam
Ein Krug. Ein bloßer Krug. Setzt einen Krug,
Und schreibt dabei: dem Amte wohlbekannt.

Licht
Auf meine hingeworfene Vermutung
Wollt Ihr, Herr Richter—?

Adam
Mein Seel, wenn ichs Euch sage,
So schreibt Ihrs hin. Ists nicht ein Krug, Frau Marthe?

Frau Marthe
Ja, hier der Krug—

Adam
Da habt Ihrs.

Frau Marthe
Der zerbrochne—

Adam
Pedantische Bedenklichkeit.

Licht
Ich bitt Euch—

Adam
Und wer zerbrach den Krug? Gewiß der Schlingel—?

Frau Marthe
Ja, er, der Schlingel dort—

Adam für sich.
Mehr brauch ich nicht.

Ruprecht
Das ist nicht wahr, Herr Richter.

Adam für sich.
Auf, aufgelebt, du alter Adam!

Ruprecht
Das lügt sie in den Hals hinein—

Adam
Schweig, Maulaffe!
Du steckst den Hals noch früh genug ins Eisen.
—Setzt einen Krug, Herr Schreiber, wie gesagt,
Zusamt dem Namen des, der ihn zerschlagen.
Jetzt wird die Sache gleich ermittelt sein.

Walter
Herr Richter! Ei! Welch ein gewaltsames Verfahren.

Adam
Wieso?

Licht
Wollt Ihr nicht förmlich

Adam
Nein! sag ich;
Ihr Gnaden lieben Förmlichkeiten nicht.

Walter
Wenn Ihr die Instruktion, Herr Richter **Adam**,
Nicht des Prozesses einzuleiten wißt,
Ist hier der Ort jetzt nicht, es Euch zu lehren.
Wenn Ihr Recht anders nicht, als so, könnt geben,
So tretet ab: vielleicht kanns Euer Schreiber.

Adam
Erlaubt! Ich gabs, wie's hier in Huisum üblich;
Ew. Gnaden habens also mir befohlen.

Walter
Ich hätt—?

Adam
Auf meine Ehre!

Walter
Ich befahl Euch,
Recht hier nach den Gesetzen zu erteilen;
Und hier in Huisum glaubt ich die Gesetze
Wie anderswo in den vereinten Staaten.

Adam
Da muß submiß ich um Verzeihung bitten!
Wir haben hier, mit Euerer Erlaubnis,

Statuten, eigentümliche, in Huisum,
Nicht aufgeschriebene, muß ich gestehn, doch durch
Bewährte Tradition uns überliefert.
Von dieser Form, getrau ich mir zu hoffen,
Bin ich noch heut kein Jota abgewichen.
Doch auch in Eurer andern Form bin ich,
Wie sie im Reich mag üblich sein, zu Hause.
Verlangt Ihr den Beweis? Wohlan, befehlt!
Ich kann Recht so jetzt, jetzo so erteilen.

Walter
Ihr gebt mir schlechte Meinungen, Herr Richter.
Es sei. Ihr fangt von vorn die Sache an.—

Adam
Auf Ehr! Gebt acht, Ihr sollt zufrieden sein.
—**Frau Marthe** Rull! Bringt Eure Klage vor.

Frau Marthe
Ich klag, Ihr wißts, hier wegen dieses Krugs;
Jedoch vergönnt, daß ich, bevor ich melde,
Was diesem Krug geschehen, auch beschreibe,
Was er vorher mir war.

Adam
Das Reden ist an Euch.

Frau Marthe
Seht ihr den Krug, ihr wertgeschätzten Herren?
Seht ihr den Krug?

Adam
O ja, wir sehen ihn.

Frau Marthe
Nichts seht ihr, mit Verlaub, die Scherben seht ihr;
Der Krüge schönster ist entzwei geschlagen.
Hier grade auf dem Loch, wo jetzo nichts,

Sind die gesamten niederländischen Provinzen
Dem span'schen Philipp übergeben worden.
Hier im Ornat stand Kaiser Karl der Fünfte:
Von dem seht ihr nur noch die Beine stehn.
Hier kniete Philipp und empfing die Krone;
Der liegt im Topf, bis auf den Hinterteil,
Und auch noch der hat einen Stoß empfangen.
Dort wischten seine beiden Muhmen sich,
Der Franzen und der Ungarn Königinnen,
Gerührt die Augen aus; wenn man die eine
Die Hand noch mit dem Tuch empor sieht heben,
So ists, als weinete sie über sich.
Hier im Gefolge stützt sich Philibert,
Für den den Stoß der Kaiser aufgefangen,
Noch auf das Schwert; doch jetzo müßt er fallen,
So gut wie Maximilian: der Schlingel!
Die Schwerter unten jetzt sind weggeschlagen.
Hier in der Mitte, mit der heil'gen Mütze,
Sah man den Erzbischof von Arras stehn;
Den hat der Teufel ganz und gar geholt,
Sein Schatten nur fällt lang noch übers Pflaster.
Hier standen rings, im Grunde, Leibtrabanten,
Mit Hellebarden, dicht gedrängt, und Spießen,
Hier Häuser, seht, vom großen Markt zu Brüssel,
Hier guckt noch ein Neugier'ger aus dem Fenster:
Doch was er jetzo sieht, das weiß ich nicht.

Adam

Frau Marth! Erlaßt uns das zerscherbte Paktum,
Wenn es zur Sache nicht gehört.
Uns geht das Loch—nichts die Provinzen an,
Die darauf übergeben worden sind.

Frau Marthe

Erlaubt! Wie schön der Krug, gehört zur Sache!

Den Krug erbeutete sich Childerich,
Der Kesselflicker, als Oranien
Briel mit den Wassergeusen überrumpelte.
Ihn hatt ein Spanier, gefüllt mit Wein,
Just an den Mund gesetzt, als Childerich
Den Spanier von hinten niederwarf,
Den Krug ergriff, ihn leert' und weiterging.

Adam
Ein würd'ger Wassergeuse.

Frau Marthe
Hierauf vererbte
Der Krug auf Fürchtegott, den Totengräber;
Der trank zu dreimal nur, der Nüchterne,
Und stets vermischt mit Wasser aus dem Krug.
Das erstemal, als er im Sechzigsten
Ein junges Weib sich nahm; drei Jahre drauf,
Als sie noch glücklich ihn zum Vater machte;
Und als sie jetzt noch funfzehn Kinder zeugte,
Trank er zum dritten Male, als sie starb.

Adam
Gut. Das ist auch nicht übel.

Frau Marthe
Drauf fiel der Krug
An den Zachäus, Schneider in Tirlemont,
Der meinem sel'gen Mann, was ich euch jetzt
Berichten will, mit eignem Mund erzählt.
Der warf, als die Franzosen plünderten,
Den Krug, samt allem Hausrat, aus dem Fenster,
Sprang selbst, und brach den Hals, der Ungeschickte,
Und dieser irdne Krug, der Krug von Ton,
Aufs Bein kam er zu stehen, und blieb ganz.

Adam
Zur Sache, wenns beliebt, Frau Marthe Rull! Zur Sache!

Frau Marthe
Drauf in der Feuersbrunst von sechsundsechzig,
Da hatt ihn schon mein Mann, Gott hab ihn selig—

Adam
Zum Teufel! Weib! So seid Ihr noch nicht fertig?

Frau Marthe
—Wenn ich nicht reden soll, Herr Richter Adam,
So bin ich unnütz hier, so will ich gehn,
Und ein Gericht mir suchen, das mich hört.

Walter
Ihr sollt hier reden: doch von Dingen nicht,
Die Eurer Klage fremd. Wenn Ihr uns sagt,
Daß jener Krug Euch wert, so wissen wir
So viel, als wir zum Richten hier gebrauchen.

Frau Marthe
Wie viel ihr brauchen möget, hier zu richten,
Das weiß ich nicht, und untersuch es nicht;
Das aber weiß ich, daß ich, um zu klagen,
Muß vor euch sagen dürfen, über was.

Walter
Gut denn. Zum Schluß jetzt. Was geschah dem Krug?
Was?—Was geschah dem Krug im Feuer
Von Anno sechsundsechzig? Wird mans hören?
Was ist dem Krug geschehn?

Frau Marthe
Was ihm geschehen?
Nichts ist dem Krug, ich bitt euch sehr, ihr Herren,
Nichts Anno sechsundsechzig ihm geschehen.
Ganz blieb der Krug, ganz in der Flammen Mitte,

Und aus des Hauses Asche zog ich ihn
Hervor, glasiert, am andern Morgen, glänzend,
Als käm er eben aus dem Töpferofen.

Walter
Nun gut. Nun kennen wir den Krug. Nun wissen
Wir alles, was dem Krug geschehn, was nicht.
Was gibts jetzt weiter?

Frau Marthe
Nun, diesen Krug jetzt, seht—den Krug,
Zertrümmert einen Krug noch wert, den Krug
Für eines Fräuleins Mund, die Lippe selbst
Nicht der Frau Erbstatthalterin zu schlecht,
Den Krug, ihr hohen Herren Richter beide,
Den Krug hat jener Schlingel mir zerbrochen.

Adam
Wer?

Frau Marthe
Er, der Ruprecht dort.

Ruprecht
Das ist gelogen, Herr Richter.

Adam
Schweig Er, bis man Ihn fragen wird.
Auch heut an Ihn noch wird die Reihe kommen.
—Habt Ihrs im Protokoll bemerkt?

Licht
O ja.

Adam
Erzählt den Hergang, würdige Frau Marthe.

Frau Marthe
Es war Uhr elfe gestern—

Adam
Wann, sagt Ihr?

Frau Marthe
Uhr elf.

Adam
Am Morgen?

Frau Marthe
Nein, verzeiht, am Abend—
Und schon die Lamp im Bette wollt ich löschen,
Als laute Männerstimmen, ein Tumult,
In meiner Tochter abgelegnen Kammer,
Als ob der Feind einbräche, mich erschreckt.
Geschwind die Trepp eil ich hinab, ich finde
Die Kammertür gewaltsam eingesprengt,
Schimpfreden schallen wütend mir entgegen,
Und da ich mir den Auftritt jetzt beleuchte,
Was find ich jetzt, Herr Richter, was jetzt find ich?
Den Krug find ich zerscherbt im Zimmer liegen,
In jedem Winkel brüchig liegt ein Stück,
Das Mädchen ringt die Händ, und er, der Flaps dort,
Der trotzt, wie toll, Euch in des Zimmers Mitte.

Adam
Ei, Wetter!

Frau Marthe
Was?

Adam
Sieh da, **Frau Marthe**!

Frau Marthe
Ja!—
Drauf ists, als ob, in so gerechtem Zorn,
Mir noch zehn Arme wüchsen, jeglichen

Fühl ich mir wie ein Geier ausgerüstet.
Ihn stell ich dort zur Rede, was er hier
In später Nacht zu suchen, mir die Krüge
Des Hauses tobend einzuschlagen habe;
Und er, zur Antwort gibt er mir, jetzt ratet—
Der Unverschämte! Der Halunke, der!
Aufs Rad will ich ihn sehen, oder mich
Nicht mehr geduldig auf den Rücken legen;
Er spricht, es hab ein anderer den Krug
Vom Sims gestürzt—ein anderer, ich bitt Euch,
Der vor ihm aus der Kammer nur entwichen;
—Und überhäuft mit Schimpf mir da das Mädchen.

Adam
O! faule Fische—Hierauf?

Frau Marthe
Auf dies Wort
Seh ich das Mädchen fragend an; die steht
Gleich einer Leiche da, ich sage: **Eve**!
Sie setzt sich.—Ists ein anderer gewesen?
Frag ich. Und "Joseph und Marie", ruft sie,
"Was denkt Ihr, Mutter, auch?"—So sprich! Wer wars?
"Wer sonst", sagt sie,—und wer auch konnt es anders?
Und schwört mir zu, daß ers gewesen ist.

Eve
Was schwor ich Euch? Was hab ich Euch geschworen?
Nichts schwor ich, nichts Euch—

Frau Marthe
Eve!

Eve
Nein! Dies lügt Ihr—

Ruprecht
Da hört Ihrs.

Adam
Hund, jetzt, verfluchter, schweig,
Soll hier die Faust den Rachen dir nicht stopfen!
Nachher ist Zeit für dich, nicht jetzt.

Frau Marthe
Du hättest nicht—?

Eve
Nein, Mutter! Dies verfälscht Ihr.
Seht, leid tuts in der Tat mir tief zur Seele,
Daß ich es öffentlich erklären muß:
Doch nichts schwor ich, nichts, nichts hab ich geschworen.

Adam
Seid doch vernünftig, Kinder.

Licht
Das ist ja seltsam.

Frau Marthe
Du hättest mir, o Eve, nicht versichert
Nicht Joseph und Maria angerufen?

Eve
Beim Schwur nicht! Schwörend nicht! Seht, dies jetzt schwör ich,
Und Joseph und Maria ruf ich an.

Adam
Ei, Leutchen! Ei, Frau Marthe! Was auch macht Sie?
Wie schüchtert Sie das gute Kind auch ein!
Wenn sich die Jungfer wird besonnen haben,
Erinnert ruhig dessen, was geschehen,
—Ich sage, was geschehen ist, und was,
Spricht sie nicht, wie sie soll, geschehn noch kann:

Gebt acht, so sagt sie heut uns aus, wie gestern,
Gleichviel, ob sie's beschwören kann, ob nicht.
Laßt Joseph und Maria aus dem Spiele.

Walter
Nicht doch, Herr Richter, nicht! Wer wollte den
Parteien so zweideut'ge Lehren geben.

Frau Marthe
Wenn sie ins Angesicht mir sagen kann,
Schamlos, die liederliche Dirne, die,
Daß es ein andrer als der Ruprecht war,
So mag meinetwegen sie—ich mag nicht sagen, was.
Ich aber, ich versichr es Euch, Herr Richter,
Und kann ich gleich nicht, daß sie's schwor, behaupten,
Daß sie's gesagt hat gestern, das beschwör ich,
Und Joseph und Maria ruf ich an.

Adam
Nun weiter will ja auch die Jungfer—

Walter
Herr Richter!

Adam
Ew. Gnaden? Was sagt er?—Nicht, Herzens-Evchen.

Frau Marthe
Heraus damit! Hast du's mir nicht gesagt?
Hast du's mir gestern nicht, mir nicht gesagt?

Eve
Wer leugnet Euch, daß ichs gesagt—

Adam
Da habt Ihrs.

Ruprecht
Die Metze, die!

Adam
Schreibt auf.

Veit
Pfui, schäm Sie sich.

Walter
Von Eurer Aufführung, Herr Richter Adam,
Weiß ich nicht, was ich denken soll. Wenn Ihr selbst
Den Krug zerschlagen hättet, könntet Ihr
Von Euch ab den Verdacht nicht eifriger
Hinwälzen auf den jungen Mann, als jetzt.
Ihr setzt nicht mehr ins Protokoll, Herr Schreiber,
Als nur der Jungfer Eingeständnis, hoff ich.
Vom gestrigen Geständnis, nicht vom Fakto.
—Ists an die Jungfer jetzt schon, auszusagen?

Adam
Mein Seel, wenns ihre Reihe noch nicht ist,
In solchen Dingen irrt der Mensch, Ew. Gnaden.
Wen hätt ich fragen sollen jetzt? Beklagten?
Auf Ehr! Ich nehme gute Lehre an.

Walter
Wie unbefangen!—Ja, fragt den Beklagten.
Fragt, macht ein Ende, fragt, ich bitt Euch sehr:
Dies ist die letzte Sache, die Ihr führt.

Adam
Die letzte! Was! Ei freilich! Den Beklagten!
Wohin auch, alter Richter, dachtest du?
Verflucht das pips'ge Perlhuhn mir! Daß es
Krepiert wär an der Pest in Indien!
Stets liegt der Kloß von Nudeln mir im Sinn.

Walter
Was liegt? Was für ein Kloß liegt Euch—?

Adam
Der Nudelkloß,
Verzeiht, den ich dem Huhne geben soll.
Schluckt mir das Aas die Pille nicht herunter,
Mein Seel, so weiß ich nicht, wie's werden wird.

Walter
Tut Eure Schuldigkeit, sag ich, zum Henker!

Adam
Beklagter trete vor.

Ruprecht
Hier, Herr Dorfrichter.
Ruprecht, **Veit**s, des Kossäten, Sohn, aus Huisum.

Adam
Vernahm Er dort, was vor Gericht soeben
Frau Marthe gegen Ihn hat angebracht?

Ruprecht
Ja, Herr Dorfrichter, das hab ich.

Adam
Getraut Er sich
Etwas dagegen aufzubringen, was?
Bekennt Er, oder unterfängt Er sich,
Hier wie ein gottvergeßner Mensch zu leugnen?

Ruprecht
Was ich dagegen aufzubringen habe,
Herr Richter? Ei! Mit Euerer Erlaubnis,
Daß sie kein wahres Wort gesprochen hat.

Adam
So? Und das denkt Er zu beweisen?

Ruprecht
O ja.

Adam
Die würdige Frau Marthe, die—
Beruhige Sie sich. Es wird sich finden.

Walter
Was geht Ihm die Frau Marthe an, Herr Richter?

Adam
Was mir—? Bei Gott! Soll ich als Christ—?

Walter
Bericht'
Er, was Er für sich anzuführen hat.—
Herr Schreiber, wißt Ihr den Prozeß zu führen?

Adam
Ach, was!

Licht
Ob ich—ei nun, wenn Ew. Gnaden—

Adam
Was glotzt Er da? Was hat Er aufzubringen?
Steht nicht der Esel wie ein Ochse da?
Was hat Er aufzubringen?

Ruprecht
Was ich aufzubringen?

Walter
Er, ja, Er soll den Hergang jetzt erzählen.

Ruprecht
Mein Seel, wenn man zu Wort mich kommen ließe.

Walter 's ist in der Tat, Herr Richter, nicht zu dulden.

Ruprecht
Glock zehn Uhr mocht es etwa sein zu Nacht,
Und warm just diese Nacht des Januars

Wie Mai,—als ich zum Vater sage: Vater!
Ich will ein bissel noch zur Eve gehn.
Denn heuren wollt ich sie, das müßt Ihr wissen;
Ein rüstig Mädel ists, ich habs beim Ernten
gesehn, wie alles von der Faust ihr ging,
Und ihr das Heu man flog, als wie gemaust.
Das sagt ich: Willst du? Und sie sagte: "Ach!
Was du da gakelst." Und nachher sagt' sie: "Ja."

Adam
Bleib Er bei seiner Sache. Gakeln! Was!
Ich sagte: Willst du? Und sie sagte: Ja.

Ruprecht
Ja, meiner Treu, Herr Richter.

Walter
Weiter! Weiter!

Ruprecht
Nun—
Da sagt ich: Vater, hört Er? Laß Er mich.
Wir schwatzen noch am Fenster was zusammen.
"Na", sagt er, "lauf; bleibst du auch draußen?" sagt er.
Ja, meiner Seel, sag ich, das ist geschworen.
"Na", sagt er, "lauf, um elfe bist du hier."

Adam
Na, so sag du, und gakle, und kein Ende.
Na, hat er bald sich ausgesagt?

Ruprecht
Na, sag ich,
Das ist ein Wort, und setz die Mütze auf,
Und geh; und übern Steig will ich, und muß
Durchs Dorf zurückgehn, weil der Bach geschwollen.
Ei, alle Wetter, denk ich, Ruprecht, Schlag!

Nun ist die Gartentür bei Marthens zu:
Denn bis um zehn läßts Mädel sie nur offen,
Wenn ich um zehn nicht da bin, komm ich nicht.

Adam
Die liederliche Wirtschaft, die.

Walter
Drauf weiter?

Ruprecht
Drauf—wie ich übern Lindengang mich näh're,
Bei Marthens, wo die Reihen dicht gewölbt
Und dunkel, wie der Dom zu Utrecht, sind,
Hör ich die Gartentüre fernher knarren.
Sieh da! Da ist die Eve noch! sag ich,
Und schicke freudig Euch, von wo die Ohren
Mir Kundschaft brachten, meine Augen nach
—Und schelte sie, da sie mir wiederkommen,
Für blind, und schicke auf der Stelle sie
Zum zweitenmal, sich besser umzusehen,
Und schimpfe sie nichtswürdige Verleumder,
Aufhetzer, niederträcht'ge Ohrenbläser,
Und schicke sie zum drittenmal, und denke,
Sie werden, weil sie ihre Pflicht getan,
Unwillig los sich aus dem Kopf mir reißen,
Und sich in einen andern Dienst begeben:
Die Eve ists, am Latz erkenn ich sie,
Und einer ists noch obenein.

Adam
So? Einer noch? Und wer, Er Klugschwätzer?

Ruprecht
Wer? Ja, mein Seel, da fragt Ihr mich—

Adam
Nun also!
Und nicht gefangen, denk ich, nicht gehangen.

Walter
Fort! Weiter in der Rede! Laßt ihn doch!
Was unterbracht Ihr ihn, Herr Dorfrichter?

Ruprecht
Ich kann das Abendmahl darauf nicht nehmen,
Stockfinster wars, und alle Katzen grau.
Doch müßt Ihr wissen, daß der Flickschuster,
Der Lebrecht, den man kürzlich losgesprochen,
Dem Mädel längst mir auf die Fährte ging.
Ich sagte vor'gen Herbst schon: Eve, höre,
Der Schuft schleicht mir ums Haus, das mag ich nicht;
Sag ihm, daß du kein Braten bist für ihn,
Mein Seel, sonst werf ich ihn vom Hof herunter.
Die spricht: "Ich glaub, du schierst mich", sagt ihm was,
Das ist nicht hin, nicht her, nicht Fisch, nicht Fleisch:
Drauf geh ich hin und werf den Schlingel herunter.

Adam
So? Lebrecht heißt der Kerl?

Ruprecht
Ja, Lebrecht.

Adam
Gut.
Das ist ein Nam. Es wird sich alles finden.
—Habt Ihrs bemerkt im Protokoll, Herr Schreiber?

Licht
O ja, und alles andere, Herr Richter.

Adam
Sprich weiter, Ruprecht, jetzt, mein Sohn.

Ruprecht

Nun schießt,
Da ich Glock elf das Pärchen hier begegne,
—Glock zehn Uhr zog ich immer ab—das Blatt mir.
Ich denke: halt, jetzt ists noch Zeit, o Ruprecht,
Noch wachsen dir die Hirschgeweihe nicht;
Hier mußt du sorgsam dir die Stirn befühlen,
Ob dir von fern hornartig etwas keimt.
Und drücke sacht mich durch die Gartenpforte,
Und berg in einem Strauch von Taxus mich,
Und hör Euch ein Gefispre hier, ein Scherzen,
Ein Zerren hin, Herr Richter, Zerren her,
Mein Seel, ich denk, ich soll vor Lust—

Eve

Du Bösewicht!
Was das, o, schändlich ist von dir!

Frau Marthe

Halunke!
Dir weis ich noch einmal, wenn wir allein sind,
Die Zähne! Wart! Du weißt noch nicht, wo mir
Die Haare wachsen! Du sollsts erfahren!

Ruprecht

Ein Viertelstündchen dauerts so; ich denke:
Was wirds doch werden, ist doch heut nicht Hochzeit?
Und eh ich den Gedanken ausgedacht,
Husch! sind sie beid ins Haus schon, vor dem Pastor.

Eve

Geht, Mutter, mag es werden, wie es will—

Adam

Schweig du mir dort, tat ich, das Donnerwetter
Schlägt über dich ein, unberufne Schwätzerin!
Wart, bis ich auf zur Red dich rufen werde.

Walter
Sehr sonderbar, bei Gott!

Ruprecht
Jetzt hebt, Herr Richter Adam,
Jetzt hebt sichs, wie ein Blutsturz, mir. Luft!
Da mir der Knopf am Brustlatz springt: Luft jetzt!
Und reiße mir den Latz auf: Luft jetzt, sag ich!
Und geh, und drück, und tret und donnere,
Da ich der Dirne Tür verriegelt finde,
Gestemmt, mit Macht, auf einen Tritt, sie ein.

Adam
Blitzjunge, du!

Ruprecht
Just da sie auf jetzt rasselt,
Stürzt dort der Krug vom Sims ins Zimmer hin,
Und husch! springt einer aus dem Fenster Euch:
Ich seh die Schöße noch vom Rocke wehn.

Adam
War das der Leberecht?

Ruprecht
Wer sonst, Herr Richter?
Das Mädchen steht, die werf ich übern Haufen,
Zum Fenster eil ich hin, und find den Kerl
Noch in den Pfählen hangen, am Spalier,
Wo sich das Weinlaub aufrankt bis zum Dach.
Und da die Klinke in der Hand mir blieb,
Als ich die Tür eindonnerte, so reiß ich
Jetzt mit dem Stahl eins pfundschwer übern Detz ihm:
Den just, Herr Richter, konnt ich noch erreichen.

Adam
Wars eine Klinke?

Ruprecht
Was?

Adam
Obs—

Ruprecht
Ja, die Türklinke.

Adam
Darum.

Licht
Ihr glaubtet wohl, es war ein Degen?

Adam
Ein Degen? Ich—wieso?

Ruprecht
Ein Degen!

Licht
Je nun!
Man kann sich wohl verhören. Eine Klinke
Hat sehr viel Ähnlichkeit mit einem Degen.

Adam
Ich glaub—!

Licht
Bei meiner Treu! Der Stiel, Herr Richter?

Adam
Der Stiel!

Ruprecht
Der Stiel! Der wars nun aber nicht.
Der Klinke umgekehrtes Ende wars.

Adam
Das umgekehrte Ende wars der Klinke!

Licht
So! So!

Ruprecht
Doch auf dem Griffe lag ein Klumpen
Blei, wie ein Degengriff, das muß ich sagen.

Adam
Ja, wie ein Griff.

Licht
Gut. Wie ein Degengriff.
Doch irgendeine tück'sche Waffe mußt es
Gewesen sein. Das wußt ich wohl.

Walter
Zur Sache stets, Ihr Herren, doch! Zur Sache!

Adam
Nichts als Allotrien, Herr Schreiber!—Er, weiter!

Ruprecht
Jetzt stürzt der Kerl, und ich schon will mich wenden,
Als ichs im Dunkeln auf sich rappeln sehe.
Ich denke: lebst du noch? und steig aufs Fenster
Und will dem Kerl das Gehen unten legen:
Als jetzt, Ihr Herrn, da ich zum Sprung just aushol,
Mir eine Handvoll grobgekörnten Sandes—
Und Kerl und Nacht und Welt und Fensterbrett,
Worauf ich steh, denk ich nicht, straf mich Gott,
Das alles fällt in einen Sack zusammen—
Wie Hagel, stiebend, in die Augen fliegt.

Adam
Verflucht! Sieh da! Wer tat das?

Ruprecht
Wer? Der Lebrecht.

Adam
Halunke!

Ruprecht
Meiner Treu! Wenn ers gewesen.

Adam
Wer sonst!

Ruprecht
Als stürzte mich ein Schloßenregen
Von eines Bergs zehn Klaftern hohem Abhang,
So schlag ich jetzt vom Fenster Euch ins Zimmer:
Ich denk, ich schmettere den Boden ein.
Nun brech ich mir den Hals doch nicht, auch nicht
Das Kreuz mir, Hüften, oder sonst, inzwischen
Konnt ich des Kerls doch nicht mehr habhaft werden,
Und sitze auf, und wische mir die Augen.
Die kommt, und: "Ach, Herr Gott!" ruft sie, und: "Ruprecht!
Was ist dir auch?" Mein Seel, ich hob den Fuß,
Gut wars, daß ich nicht sah, wohin ich stieß.

Adam
Kam das vom Sande noch?

Ruprecht
Vom Sandwurf, ja.

Adam
Verdammt! Der traf!

Ruprecht
Da ich jetzt aufersteh,—
Was sollt ich auch die Fäuste hier mir schänden?—
So schimpf ich sie, und sage: Liederliche Metze,
Und denke, das ist gut genug für sie.
Doch Tränen, seht, ersticken mir die Sprache.
Denn da Frau Marthe jetzt ins Zimmer tritt,

Die Lampe hebt, und ich das Mädchen dort
Jetzt schlotternd, zum Erbarmen, vor mir sehe,
Sie, die so herzhaft sonst wohl um sich sah,
So sag ich zu mir: blind ist auch nicht übel.
Ich hätte meine Augen hingegeben,
Knippkügelchen, wer will, damit zu spielen.

Eve
Er ist nicht wert, der Bösewicht—

Adam
Sie soll schweigen!

Ruprecht
Das Weitre wißt Ihr.

Adam
Wie, das Weitere?

Ruprecht
Nun ja, Frau Marthe kam, und geiferte,
Und Ralf, der Nachbar, kam, und Hinz, der Nachbar,
Und Muhme Sus' und Muhme Liese kamen.
Und Knecht' und Mägd' und Hund' und Katzen kamen,
's war ein Spektakel, und Frau Marthe fragte
Die Jungfer dort, wer ihr den Krug zerschlagen,
Und die, die sprach, Ihr wißts, daß ichs gewesen.
Mein Seel, sie hat so unrecht nicht, Ihr Herren.
Den Krug, den sie zu Wasser trug, zerschlug ich,
Und der Flickschuster hat im Kopf ein Loch.

Adam
Frau Marthe! Was entgegnet Ihr der Rede?
Sagt an!

Frau Marthe
Was ich der Red entgegene?
Daß sie, Herr Richter, wie der Marder einbricht,

Und Wahrheit wie ein gakelnd Huhn erwürgt.
Was Recht liebt, sollte zu den Keulen greifen,
Um dieses Ungetüm der Nacht zu tilgen.

Adam
Da wird Sie den Beweis uns führen müssen.

Frau Marthe
O ja, sehr gern. Hier ist mein Zeuge.—Rede!

Adam
Die Tochter? Nein, Frau Marthe.

Walter
Nein? Warum nicht?

Adam
Als Zeugin, gnädiger Herr? Steht im Gesetzbuch
Nicht titulo, ists quarto?—oder quinto!
Wenn Krüge oder sonst, was weiß ich?
Von jungen Bengeln sind zerschlagen worden,
So zeugen Töchter ihren Müttern nicht?

Walter
In Eurem Kopf liegt Wissenschaft und Irrtum
Geknetet, innig, wie ein Teig, zusammen;
Mit jedem Schnitte gebt Ihr mir von beidem.
Die Jungfer zeugt noch nicht, sie deklariert jetzt;
Ob, und für wen, sie zeugen will und kann,
Wird erst aus der Erklärung sich ergeben.

Adam
Ja, deklarieren. Gut. Titulo sexto.
Doch was sie sagt, das glaubt man nicht.

Walter
Tritt vor, mein junges Kind.

Adam
He! Lies'!—Erlaubt!
Die Zunge wird sehr trocken mir—Margrete!

Achter Auftritt

Eine Magd tritt auf. Die Vorigen.

Adam
Ein Glas mit Wasser!—

Die Magd
Gleich!
(Ab.)

Adam
Kann ich Euch gleichfalls—?

Walter
Ich danke.

Adam
Franz? oder Mos'ler? Was Ihr wollt.

Walter verneigt sich; die Magd bringt Wasser und entfernt sich.

Neunter Auftritt

Walter. Adam. Frau Marthe usw. ohne die Magd.

Adam
—Wenn ich freimütig reden darf, Ihr Gnaden,
Die Sache eignet gut sich zum Vergleich.

Walter
Sich zum Vergleich? Das ist nicht klar, Herr Richter.
Vernünft'ge Leute können sich vergleichen;
Doch wie Ihr den Vergleich schon wollt bewirken,

Da noch durchaus die Sache nicht entworren,
Das hätt ich wohl von Euch zu hören Lust.
Wie denkt Ihrs anzustellen, sagt mir an?
Habt Ihr ein Urteil schon gefaßt?

Adam
Mein Seel!
Wenn ich, da das Gesetz im Stich mich läßt,
Philosophie zu Hilfe nehmen soll,
So wars—der Leberecht—

Walter
Wer?

Adam
Oder **Ruprecht**—

Walter
Wer?

Adam
Oder Lebrecht, der den Krug zerschlug.

Walter
Wer also wars? Der Lebrecht oder **Ruprecht**?
Ihr greift, ich seh, mit Eurem Urteil ein,
Wie eine Hand in einen Sack voll Erbsen.

Adam
Erlaubt!

Walter
Schweigt, schweigt, ich bitt Euch.

Adam
Wie Ihr wollt.
Auf meine Ehr, mir wärs vollkommen recht,
Wenn sie es alle beid gewesen wären.

Walter
Fragt dort, so werdet Ihrs erfahren.

Adam
Sehr gern.
Doch wenn Ihrs herausbekommt, bin ich ein Schuft.
—Habt Ihr das Protokoll da in Bereitschaft?

Licht
Vollkommen.

Adam
Gut.

Licht
Und brech ein eignes Blatt mir,
Begierig, was darauf zu stehen kommt.

Adam
Ein eignes Blatt? Auch gut.

Walter
Sprich dort, mein Kind!

Adam
Sprich, Evchen, hörst du, sprich jetzt, Jungfer Evchen!
Gib Gotte, hörst du, Herzchen, gib, mein Seel,
Ihm und der Welt, gib ihm was von der Wahrheit.
Denk, daß du hier vor Gottes Richtstuhl bist,
Und daß du deinen Richter nicht mit Leugnen,
Und Plappern, was zur Sache nicht gehört,
Betrüben mußt. Ach, was! Du bist vernünftig.
Ein Richter immer, weißt du, ist ein Richter,
Und einer braucht ihn heut, und einer morgen.
Sagst du, daß es der Lebrecht war: nun gut;
Und sagst du, daß es Ruprecht war: auch gut!
Sprich so, sprich so, ich bin kein ehrlicher Kerl,
Es wird sich alles, wie du wünschest, finden.

Willst du mir hier von einem andern trätschen,
Und dritten etwa, dumme Namen nennen:
Sieh, Kind, nimm dich in acht, ich sag nichts weiter.
In Huisum, hols der Henker, glaubt dirs keiner,
Und keiner, Evchen, in den Niederlanden;
Du weißt, die weißen Wände zeugen nicht,
Der auch wird zu verteidigen sich wissen:
Und deinen Ruprecht holt die Schwerenot!

Walter
Wenn Ihr doch Eure Reden lassen wolltet.
Geschwätz, gehauen nicht und nicht gestochen.

Adam
Verstehens Ew. Gnaden nicht?

Walter
Macht fort!
Ihr habt zulängst hier auf dem Stuhl gesprochen.

Adam
Auf Ehr! Ich habe nicht studiert, Ew. Gnaden.
Bin ich Euch Herrn aus Utrecht nicht verständlich,
Mit diesem Volk vielleicht verhält sichs anders:
Die Jungfer weiß, ich wette, was ich will.

Frau Marthe
Was soll das? Dreist heraus jetzt mit der Sprache!

Eve
O liebste Mutter!

Frau Marthe
Du—! Ich rate dir!

Ruprecht
Mein Seel, 's ist schwer, Frau Marthe, dreist zu sprechen,
Wenn das Gewissen an der Kehl uns sitzt.

Adam
Schweig Er jetzt, Nasweis, mucks Er nicht.

Frau Marthe
Wer wars?

Eve
O Jesus.

Frau Marthe
Maulaffe, der! Der niederträchtige!
O Jesus! Als ob sie eine Hure wäre.
Wars der Herr Jesus?

Adam
Frau Marthe! Unvernunft!
Was das für—! Laß Sie die Jungfer doch gewähren!
Das Kind einschrecken—Hure—Schafsgesicht!
So wird uns nichts. Sie wird sich schon besinnen.

Ruprecht
O ja, besinnen.

Adam
Flaps dort, schweig Er jetzt.

Ruprecht
Der Flickschuster wird ihr schon einfallen.

Adam
Der Satan! Ruft den Büttel! He! Hanfriede!

Ruprecht
Nun, nun! Ich schweig, Herr Richter, laßts nur sein.
Sie wird Euch schon auf meinen Namen kommen.

Frau Marthe
Hör du, mach mir hier kein Spektakel, sag ich.
Hör, neunundvierzig bin ich alt geworden
In Ehren: funfzig möcht ich gern erleben.

Den dritten Februar ist mein Geburtstag;
Heut ist der erste. Mach es kurz. Wer wars?

Adam
Gut, meinethalben! Gut, Frau Marthe Rull!

Frau Marthe
Der Vater sprach, als er verschied: "Hör, Marthe,
Dem Mädel schaff mir einen wackern Mann;
Und wird sie eine liederliche Metze,
So gib dem Totengräber einen Groschen,
Und laß mich wieder auf den Rücken legen:
Mein Seel, ich glaub, ich kehr im Grab mich um.

Adam
Nun, das ist auch nicht übel.

Frau Marthe
Willst du Vater
Und Mutter jetzt, mein Evchen, nach dem vierten
Gebot hoch ehren, gut, so sprich: in meine Kammer
Ließ ich den Schuster, oder einen dritten,
Hörst du? Der Bräut'gam aber war es nicht.

Ruprecht
Sie jammert mich. Laßt doch den Krug, ich bitt Euch;
Ich will 'n nach Utrecht tragen. Solch ein Krug—
Ich wollt, ich hätt ihn nur entzwei geschlagen.

Eve
Unedelmüt'ger, du! Pfui, schäme dich,
Daß du nicht sagst: gut, ich zerschlug den Krug!
Pfui, Ruprecht, pfui, o schäme dich, daß du
Mir nicht in meiner Tat vertrauen kannst.
Gab ich die Hand dir nicht, und sagte: ja,
Als du mich fragtest: "Eve, willst du mich?"
Meinst du, daß du den Flickschuster nicht wert bist?

Und hättest du durchs Schlüsselloch mich mit
Dem Lebrecht aus dem Kruge trinken sehen,
Du hättest denken sollen: Ev ist brav,
Es wird sich alles ihr zum Ruhme lösen,
Und ists im Leben nicht, so ist es Jenseits,
Und wenn wir auferstehn, ist auch ein Tag.

Ruprecht
Mein Seel, das dauert mir zu lange, Evchen.
Was ich mit Händen greife, glaub ich gern.

Eve
Gesetzt, es wär der Leberecht gewesen,
Warum—des Todes will ich ewig sterben,
Hätt ichs dir Einzigen nicht gleich vertraut;
Jedoch warum vor Nachbarn, Knecht' und Mägden—
Gesetzt, ich hätte Gründ, es zu verbergen,
Warum, o **Ruprecht**, sprich, warum nicht sollt ich
Auf dein Vertraun hin sagen, daß du's warst?
Warum nicht sollt ichs? Warum sollt ichs nicht?

Ruprecht
Ei, so zum Henker, sags, es ist mir recht,
Wenn du die Fiedel dir ersparen kannst.

Eve
O du Abscheulicher! Du Undankbarer!
Wert, daß ich mir die Fiedel spare! Wert,
Daß ich mit Einem Wort zu Ehren mich,
Und dich in ewiges Verderben bringe.

Walter
Nun—? Und dies einz'ge Wort—? Halt uns nicht auf.
Der Ruprecht also war es nicht?

Eve
Nein, gnäd'ger Herr, weil ers denn selbst so will,

Um seinetwillen nur verschwieg ich es:
Den irdnen Krug zerschlug der Ruprecht nicht,
Wenn ers Euch selber leugnet, könnt Ihrs glauben.

Frau Marthe
Eve! Der Ruprecht nicht?

Eve
Nein, Mutter, nein!
Und wenn ichs gestern sagte, wars gelogen.

Frau Marthe
Hör, dir zerschlag ich alle Knochen!

Sie setzt den Krug nieder.

Eve
Tut, was Ihr wollt.

Walter drohend.
Frau Marthe!

Adam
He! Der Büttel!—
Schmeißt sie heraus dort, die verwünschte Vettel!
Warum solls Ruprecht just gewesen sein?
Hat Sie das Licht dabei gehalten, was?
Die Jungfer, denk ich, wird es wissen müssen:
Ich bin ein Schelm, wenns nicht der Lebrecht war.

Frau Marthe
War es der Lebrecht etwa? Wars der Lebrecht?

Adam Sprich, Evchen, wars der Lebrecht nicht, mein Herzchen?

Eve
Er Unverschämter, Er! Er Niederträcht'ger!
Wie kann Er sagen, daß es Lebrecht—

Walter

Jungfer!
Was untersteht Sie sich? Ist das mir der
Respekt, den Sie dem Richter schuldig ist?

Eve

Ei, was! Der Richter dort! Wert, selbst vor dem
Gericht, ein armer Sünder, dazustehn—
—Er, der wohl besser weiß, wer es gewesen!

Sich zum Dorfrichter wendend.

Hat Er den Lebrecht in die Stadt nicht gestern
Geschickt nach Utrecht, vor die Kommission,
Mit dem Attest, der die Rekruten aushebt?
Wie kann Er sagen, daß es Lebrecht war,
Wenn Er wohl weiß, daß der in Utrecht ist?

Adam

Nun, wer denn sonst? Wenns Lebrecht nicht, zum Henker—
Nicht **Ruprecht** ist, nicht Lebrecht ist—Was machst du?

Ruprecht

Mein Seel, Herr Richter Adam, laßt Euch sagen,
Hierin mag doch die Jungfer just nicht lügen.
Dem Lebrecht bin ich selbst begegnet gestern,
Als er nach Utrecht ging, früh wars Glock acht,
Und wenn er auf ein Fuhrwerk sich nicht lud,
Hat sich der Kerl, krummbeinig wie er ist,
Glock zehn Uhr nachts noch nicht zurückgehaspelt.
Es kann ein dritter wohl gewesen sein.

Adam

Ach was! Krummbeinig! Schafsgesicht! Der Kerl
Geht seinen Stiefel, der, trotz einem.
Ich will von ungespaltnem Leibe sein,

Wenn nicht ein Schäferhund von mäß'ger Größe
Muß seinen Trab gehn, mit ihm fortzukommen.

Walter
Erzähl den Hergang uns.

Adam
Verzeihn Ew. Gnaden!
Hierauf wird Euch die Jungfer schwerlich dienen.

Walter
Nicht dienen? Mir nicht dienen? Und warum nicht?

Adam
Ein twatsches Kind. Ihr sehts. Gut, aber twatsch.
Blutjung, gefirmelt kaum; das schämt sich noch,
Wenns einen Bart von weitem sieht. So 'n Volk,
Im Finstern leiden sie's, und wenn es Tag wird,
So leugnen sie's vor ihrem Richter ab.

Walter
Ihr seid sehr nachsichtsvoll, Herr Richter Adam,
Sehr mild, in allem, was die Jungfer angeht.

Adam
Die Wahrheit Euch zu sagen, Herr Gerichtsrat,
Ihr Vater war ein guter Freund von mir.
Wollen Ew. Gnaden heute huldreich sein,
So tun wir hier nicht mehr, als unsre Pflicht,
Und lassen seine Tochter gehn.

Walter
Ich spüre große Lust in mir, Herr Richter,
Der Sache völlig auf den Grund zu kommen.—
Sei dreist, mein Kind; sag, wer den Krug zerschlagen.
Vor niemand stehst du, in dem Augenblick,
Der einen Fehltritt nicht verzeihen könnte.

Eve
Mein lieber, würdiger und gnäd'ger Herr,
Erlaßt mir, Euch den Hergang zu erzählen.
Von dieser Weigrung denkt uneben nicht.
Es ist des Himmels wunderbare Fügung,
Die mir den Mund in dieser Sache schließt.
Daß Ruprecht jenen Krug nicht traf, will ich
Mit einem Eid, wenn Ihrs verlangt,
Auf heiligem Altar bekräftigen.
Jedoch die gestrige Begebenheit,
Mit jedem andern Zuge, ist mein eigen,
Und nicht das ganze Garnstück kann die Mutter,
Um eines einz'gen Fadens willen, fordern,
Der, ihr gehörig, durchs Gewebe läuft.
Ich kann hier, wer den Krug zerschlug, nicht melden,
Geheimnisse, die nicht mein Eigentum,
Müßt ich, dem Kruge völlig fremd, berühren.
Früh oder spät will ichs ihr anvertrauen,
Doch hier das Tribunal ist nicht der Ort,
Wo sie das Recht hat, mich darnach zu fragen.

Adam
Nein, Rechtens nicht. Auf meine Ehre, nicht.
Die Jungfer weiß, wo unsre Zäume hängen.
Wenn sie den Eid hier vor Gericht will schwören,
So fällt der Mutter Klage weg:
Dagegen ist nichts weiter einzuwenden.

Walter
Was sagt zu der Erklärung Sie, Frau Marthe?

Frau Marthe
Wenn ich gleich was Erkleckliches nicht aufbringe
Gestrenger Herr, so glaubt, ich bitt Euch sehr,
Daß mir der Schlag bloß jetzt die Zunge lähmte.

Beispiele gibts, daß ein verlorner Mensch,
Um vor der Welt zu Ehren sich zu bringen,
Den Meineid vor dem Richtstuhl wagt; doch daß
Ein falscher Eid sich schwören kann, auf heil'gem
Altar, um an den Pranger hinzukommen,
Das heut erfährt die Welt zum erstenmal.
Wär, daß ein andrer, als der Ruprecht, sich
In ihre Kammer gestern schlich, gegründet,
Wärs überall nur möglich, gnäd'ger Herr,
Versteht mich wohl,—so säumt ich hier nicht länger.
Den Stuhl setzt ich, zur ersten Einrichtung,
Ihr vor die Tür, und sagte: geh, mein Kind,
Die Welt ist weit, da zahlst du keine Miete,
Und lange Haare hast du auch geerbt,
Woran du dich, kommt Zeit, kommt Rat, kannst hängen.

Walter

Ruhig, ruhig, Frau Marthe.

Frau Marthe

Da ich jedoch
Hier den Beweis noch anders führen kann,
Als bloß durch sie, die diesen Dienst mir weigert,
Und überzeugt bin völlig, daß nur er
Mir, und kein anderer, den Krug zerschlug,
So bringt die Lust, es kurzhin abzuschwören,
Mich noch auf einen schändlichen Verdacht.
Die Nacht von gestern birgt ein anderes
Verbrechen noch, als bloß die Krugverwüstung.
Ich muß Euch sagen, gnäd'ger Herr, daß Ruprecht
Zur Konskription gehört, in wenig Tagen
Soll er den Eid zur Fahn in Utrecht schwören.
Die jungen Landessöhne reißen aus.
Gesetzt, er hätte gestern nacht gesagt:
"Was meinst du, Evchen? Komm. Die Welt ist groß.

Zu Kist und Kasten hast du ja die Schlüssel"
Und sie, sie hätt ein wenig sich gesperrt:
So hätte ohngefähr, da ich sie störte,
—Bei ihm aus Rach, aus Liebe noch bei ihr—
Der Rest, so wie geschehn, erfolgen können.

Ruprecht
Das Rabenaas! Was das für Reden sind!
Zu Kist und Kasten—

Walter
Still!

Eve
Er, austreten!

Walter
Zur Sache hier. Vom Krug ist hier die Rede.
Beweis, Beweis, daß Ruprecht ihn zerbrach!

Frau Marthe
Gut, gnäd'ger Herr. Erst will ich hier beweisen,
Daß Ruprecht mir den Krug zerschlug,
Und dann will ich im Hause untersuchen.—
Seht, eine Zunge, die mir Zeugnis redet,
Bring ich für jedes Wort auf, das er sagte,
Und hätt in Reihen gleich sie aufgeführt,
Wenn ich von fern geahndet nur, daß diese
Die ihrige für mich nicht brauchen würde.
Doch wenn Ihr Frau Brigitte jetzo ruft,
Die ihm die Muhm ist, so genügt mir die,
Weil die den Hauptpunkt just bestreiten wird.
Denn die, die hat Glock halb auf elf im Garten,
Merkt wohl, bevor der Krug zertrümmert worden,
Wortwechselnd mit der Ev ihn schon getroffen;
Und wie die Fabel, die er aufgestellt,
Vom Kopf zu Fuß dadurch gespalten wird,

Durch diese einz'ge Zung, ihr hohen Richter:
Das überlaß ich selbst euch einzusehn.

Ruprecht
Wer hat mich

Veit
Schwester Briggy?

Ruprecht
Mich mit Ev? Im Garten?

Frau Marthe
Ihn mit der Ev, im Garten, Glock halb elf,
Bevor er noch, wie er geschwätzt, um elf
Das Zimmer überrumpelnd eingesprengt:
Im Wortgewechsel, kosend bald, bald zerrend,
Als wollt er sie zu etwas überreden.

Adam für sich.
Verflucht! Der Teufel ist mir gut.

Walter
Schafft diese Frau herbei.

Ruprecht
Ihr Herrn, ich bitt euch:
Das ist kein wahres Wort, das ist nicht möglich.

Adam
O wart, Halunke!—He! Der Büttel! Hanfried!—
Denn auf der Flucht zerschlagen sich die Krüge—
—Herr Schreiber, geht, schafft Frau Brigitt herbei!

Veit
Hör, du verfluchter Schlingel, du, was machst du?
Dir brech ich alle Knochen noch.

Ruprecht
Weshalb auch?

Veit
Warum verschwiegst du, daß du mit der Dirne
Glock halb elf im Garten schon scharwenzt?
Warum verschwiegst du's?

Ruprecht
Warum ichs verschwieg?
Gotts Schlag und Donner, weils nicht wahr ist, Vater!
Wenn das die Muhme Briggy zeugt, so hängt mich.
Und bei den Beinen sie meinthalb dazu.

Veit
Wenn aber sie's bezeugt—nimm dich in acht!
Du und die saubre Jungfer Eve dort,
Wie ihr auch vor Gericht euch stellt, ihr steckt
Doch unter einer Decke noch. 's ist irgend
Ein schändliches Geheimnis noch, von dem
Sie weiß, und nur aus Schonung hier nichts sagt.

Ruprecht
Geheimnis? Welches?

Veit
Warum hast du eingepackt?
He? Warum hast du gestern abend eingepackt?

Ruprecht
Die Sachen?

Veit
Röcke, Hosen, ja, und Wäsche;
Ein Bündel, wie's ein Reisender just auf
Die Schultern wirft?

Ruprecht
Weil ich nach Utrecht soll!
Weil ich zum Regiment soll! Himmel-Donner—!
Glaubt Er, daß ich—?

Veit
Nach Utrecht? Ja, nach Utrecht!
Du hast geeilt, nach Utrecht hinzukommen!
Vorgestern wußtest du noch nicht, ob du
Den fünften oder sechsten Tag wirst reisen.

Walter
Weiß Er zur Sache was zu melden, Vater?

Veit
—Gestrenger Herr, ich will noch nichts behaupten.
Ich war daheim, als sich der Krug zerschlug,
Und auch von einer andern Unternehmung
Hab ich, die Wahrheit zu gestehn, noch nichts,
Wenn ich jedweden Umstand wohl erwäge,
Das meinen Sohn verdächtig macht, bemerkt.
Von seiner Unschuld völlig überzeugt,
Kam ich hierher, nach abgemachtem Streit
Sein ehelich Verlöbnis aufzulösen,
Und ihm das Silberkettlein einzufordern,
Zusamt dem Schaupfennig, den er der Jungfer
Bei dem Verlöbnis vor'gen Herbst verehrt.
Wenn jetzt von Flucht was und Verräterei
An meinem grauen Haar zu Tage kommt,
So ist mir das so neu, Ihr Herrn, als Euch:
Doch dann der Teufel soll den Hals ihm brechen.

Walter
Schafft Frau Brigitt herbei, Herr Richter Adam.

Adam
—Wird Ew. Gnaden diese Sache nicht
Ermüden? Sie zieht sich in die Länge.
Ew. Gnaden haben meine Kassen noch,
Und die Registratur—Was ist die Glocke?

Licht
Es schlug soeben halb.

Adam
Auf elf?

Licht
Verzeiht, auf zwölfe.

Walter
Gleichviel.

Adam
Ich glaub, die Zeit ist, oder Ihr verrückt.

(Er sieht nach der Uhr.)

Ich bin kein ehrlicher Mann—Ja, was befehlt Ihr?

Walter
Ich bin der Meinung—

Adam
Abzuschließen? Gut—!

Walter
Erlaubt! Ich bin der Meinung, fortzufahren.

Adam
Ihr seid der Meinung—Auch gut. Sonst würd ich
Auf Ehre, morgen früh, Glock neun, die Sache
Zu Euerer Zufriedenheit beendigen.

Walter
Ihr wißt um meinen Willen.

Adam
Wie Ihr befehlt.
Herr Schreiber, schickt die Büttel ab; sie sollen
Sogleich ins Amt die Frau Brigitte laden.

Walter
Und nehmt Euch—Zeit, die mir viel wert, zu sparen—
Gefälligst selbst der Sach ein wenig an.

(Licht ab.)

Zehnter Auftritt

Die Vorigen ohne Licht. Späterhin einige Mägde.

Adam aufstehend.
Inzwischen könnte man, wenns so gefällig,
Vom Sitze sich ein wenig lüften—?

Walter
Hm! O ja.
Was ich sagen wollt—

Adam
Erlaubt Ihr gleichfalls,
Daß die Partein, bis Frau Brigitt erscheint—?

Walter
Was? Die Partein?

Adam
Ja, vor die Tür, wenn Ihr—

Walter für sich.
Verwünscht!

(Laut.)

Herr Richter Adam, wißt Ihr was?
Gebt ein Glas Wein mir in der Zwischenzeit.

Adam
Von ganzem Herzen gern. He! Margarete!
Ihr macht mich glücklich, gnäd'ger Herr.—Margrete!

Die Magd tritt auf.

Die Magd
Hier.

Adam
Was befehlt Ihr!—Tretet ab, ihr Leute.
Franz?—Auf den Vorsaal draußen.—Oder Rhein?

Walter
Von unserm Rhein.

Adam
Gut.—Bis ich rufe. Marsch!

Walter
Wohin?

Adam
Geh, vom versiegelten, Margrete.—
Was? Auf den Flur bloß draußen.—Hier. Der Schlüssel.

Walter
Hm! Bleibt.

Adam
Fort! Marsch, sag ich!—Geh, Margarete!
Und Butter, frisch gestampft, Käs' auch aus Limburg,
Und von der fetten pommerschen Räuchergans.

Walter
Halt! Einen Augenblick! Macht nicht so viel
Umständ, ich bitt Euch sehr, Herr Richter.

Adam
Schert
Zum Teufel euch, sag ich! Tu, wie ich sagte.

Walter
Schickt Ihr die Leute fort, Herr Richter?

Adam
Ew. Gnaden?

Walter
Ob Ihr—?

Adam
Sie treten ab, wenn Ihr erlaubt.
Bloß ab, bis Frau Brigitt erscheint.
Wie, oder solls nicht etwa—?

Walter
Hm! Wie Ihr wollt.
Doch obs der Mühe sich verlohnen wird?
Meint Ihr, daß es so lange Zeit wird währen,
Bis man im Ort sie trifft?

Adam
's ist heute Holztag,
Gestrenger Herr. Die Weiber größtenteils
Sind in den Fichten, Sträucher einzusammeln.
Es könnte leicht—

Ruprecht
Die Muhme ist zu Hause.

Walter
Zu Haus. Laßt sein.

Ruprecht
Die wird sogleich erscheinen.

Walter
Die wird uns gleich erscheinen. Schafft den Wein.

Adam für sich.
Verflucht!

Walter
Macht fort. Doch nichts zum Imbiß, bitt ich,
Als ein Stück trocknen Brotes nur, und Salz.

Adam für sich.
Zwei Augenblicke mit der Dirn allein—

(Laut.)

Ach, trocknes Brot! Was! Salz! Geht doch.

Walter
Gewiß.

Adam
Ei, ein Stück Käs' aus Limburg mindestens.—Käse
Macht erst geschickt die Zunge, Wein, zu schmecken.

Walter
Gut. Ein Stück Käse denn, doch weiter nichts.

Adam
So geh. Und weiß, von Damast, aufgedeckt.
Schlecht alles zwar, doch recht.

(Die Magd ab.)

Das ist der Vorteil
Von uns verrufnen hagestolzen Leuten,
Daß wir, was andre, knapp und kummervoll,
Mit Weib und Kindern täglich teilen müssen,
Mit einem Freunde, zur gelegnen Stunde,
Vollauf genießen.

Walter
Was ich sagen wollte—
Wie kamt Ihr doch zu Eurer Wund, Herr Richter?
Das ist ein böses Loch, fürwahr, im Kopf, das!

Adam
—Ich fiel.

Walter
Ihr fielt. Hm! So. Wann? Gestern abend?

Adam
Heut, Glock halb sechs, verzeiht, am Morgen, früh,
Da ich soeben aus dem Bette stieg.

Walter
Worüber?

Adam
Über—gnäd'ger Herr Gerichtsrat,
Die Wahrheit Euch zu sagen, über mich.
Ich schlug Euch häuptlings an den Ofen nieder,
Bis diese Stunde weiß ich nicht, warum?

Walter
Von hinten?

Adam
Wie? Von hinten—

Walter
Oder vorn?
Ihr habt zwo Wunden, vorne ein' und hinten.

Adam
Von vorn und hinten.—Margarete!

(Die beiden Mägde mit Wein usw. Sie decken auf und gehen wieder ab.)

Walter
Wie?

Adam
Erst so, dann so. Erst auf die Ofenkante,

Die vorn die Stirn mir einstieß, und sodann
Vom Ofen rückwärts auf den Boden wieder,
Wo ich mir noch den Hinterkopf zerschlug.

(Er schenkt ein.)

Ists Euch gefällig?

Walter nimmt das Glas.
Hättet Ihr ein Weib,
So würd ich wunderliche Dinge glauben,
Herr Richter.

Adam
Wieso?

Walter
Ja, bei meiner Treu,
So rings seh ich zerkritzt Euch und zerkratzt.

Adam lacht.
Nein, Gott sei Dank! Fraun-Nägel sind es nicht.

Walter
Glaubs. Auch ein Vorteil noch der Hagestolzen.

Adam fortlachend.
Strauchwerk, für Seidenwürmer, das man trocknend
Mir an dem Ofenwinkel aufgesetzt.—
Auf Euer Wohlergehn!

(Sie trinken.)

Walter
Und grad auch heut
Noch die Perücke seltsam einzubüßen!
Die hätt Euch Eure Wunden noch bedeckt.

Adam
Ja, ja. Jedwedes Übel ist ein Zwilling.
Hier—von dem fetten jetzt—kann ich—?

Walter
Ein Stückchen.
Aus Limburg?

Adam
Rect' aus Limburg, gnäd'ger Herr.

Walter
-Wie Teufel aber, sagt mir, ging das zu?

Adam
Was?

Walter
Daß Ihr die Perücke eingebüßt.

Adam
Ja, seht. Ich sitz und lese gestern abend
Ein Aktenstück, und weil ich mir die Brille
Verlegt, duck ich so tief mich in den Streit,
Daß bei der Kerze Flamme Lichterloh
Mir die Perücke angeht. Ich, ich denke,
Feur fällt vom Himmel auf mein sündig Haupt,
Und greife sie, und will sie von mir werfen;
Doch eh ich noch das Nackenband gelöst,
Brennt sie wie Sodom und Gomorrha schon.
Kaum daß ich die drei Haare noch mir rette.

Walter
Verwünscht! Und Eure andr ist in der Stadt?

Adam
Bei dem Perückenmacher.—Doch zur Sache.

Walter
Nicht allzu rasch, ich bitt, Herr Richter Adam.

Adam
Ei, was! Die Stunde rollt. Ein Gläschen. Hier.

(Er schenkt ein.)

Walter
Der Lebrecht—wenn der Kauz dort wahr gesprochen
Er auch hat einen bösen Fall getan.

Adam
Auf meine Ehr.

(Er trinkt.)

Walter
Wenn hier die Sache,
Wie ich fast fürchte, unentworren bleibt,
So werdet Ihr, in Eurem Ort, den Täter
Leicht noch aus seiner Wund entdecken können.

(Er trinkt.)

Niersteiner?

Adam
Was?

Walter
Oder guter Oppenheimer?

Adam
Nierstein. Sieh da! Auf Ehre! Ihr verstehts.
Aus Nierstein, gnäd'ger Herr, als hätt ich ihn geholt.

Walter
Ich prüft ihn, vor drei Jahren, an der Kelter.

(Adam schenkt wieder ein.)

—Wie hoch ist Euer Fenster?—Dort! Frau Marthe!

Frau Marthe
Mein Fenster?

Walter
Das Fenster jener Kammer, ja,
Worin die Jungfer schläft?

Frau Marthe
Die Kammer zwar
Ist nur vom ersten Stock, ein Keller drunter,
Mehr als neun Fuß das Fenster nicht vom Boden;
Jedoch die ganze, wohlerwogene
Gelegenheit sehr ungeschickt zum Springen.
Denn auf zwei Fuß steht von der Wand ein Weinstock,
Der seine knot'gen Äste rankend hin
Durch ein Spalier treibt, längs der ganzen Wand:
Das Fenster selbst ist noch davon umstrickt.
Es würd ein Eber, ein gewaffneter,
Müh mit den Fängern haben, durchzubrechen.

Adam
Es hing auch keiner drin.

(Er schenkt sich ein.)

Walter
Meint Ihr?

Adam
Ach, geht!

(Er trinkt.)

Walter zu **Ruprecht**.
Wie traf Er denn den Sünder? Auf den Kopf,

Adam
Hier.

Walter
Laßt.

Adam
Gebt her.

Walter 's ist halb noch voll.

Adam
Wills füllen.

Walter
Ihr hörts.

Adam
Ei, für die gute Zahl.

Walter
Ich bitt Euch.

Adam
Ach, was! Nach der Pythagoräeer-Regel.

(Er schenkt ihm ein.)

Walter wieder zu Ruprecht.
Wie oft traf Er dem Sünder denn den Kopf?

Adam
Eins ist der Herr; Zwei ist das finstre Chaos;
Drei ist die Welt. Drei Gläser lob ich mir.
Im dritten trinkt man mit den Tropfen Sonnen,
Und Firmamente mit den übrigen.

Walter
Wie oftmals auf den Kopf traf Er den Sünder?
Er, **Ruprecht**, Ihn dort frag ich!

Adam
Wird mans hören?
Wie oft trafst du den Sündenbock? Na, heraus!

Gotts Blitz, seht, weiß der Kerl wohl selbst, ob er—
Vergaßt du's?

Ruprecht
Mit der Klinke?

Adam
Ja, was weiß ich.

Walter
Vom Fenster, als Er nach ihm herunter hieb?

Ruprecht
Zweimal, Ihr Herrn.

Adam
Halunke! Das behielt er!

(Er trinkt.)

Walter
Zweimal! Er konnt ihn mit zwei solchen Hieben
Erschlagen, weiß er—?

Ruprecht
Hätt ich ihn erschlagen,
So hätt ich ihn. Es wär mir grade recht.
Läg er hier vor mir, tot, so könnt ich sagen,
Der wars, Ihr Herrn, ich hab Euch nicht belogen.

Adam
Ja, tot! Das glaub ich. Aber so—

(Er schenkt ein.)

Walter
Konnt Er ihn denn im Dunkeln nicht erkennen?

Ruprecht
Nicht einen Stich, gestrenger Herr. Wie sollt ich?

Adam
Warum sperrtst du nicht die Augen auf?—Stoßt an!

Ruprecht
Die Augen auf! Ich hatt sie aufgesperrt.
Der Satan warf sie mir voll Sand.

Adam in den Bart.
Voll Sand, ja!
Warum sperrtst du deine großen Augen auf?
—Hier. Was wir lieben, gnäd'ger Herr! Stoßt an!

Walter
—Was recht und gut und treu ist, Richter Adam!

(Sie trinken.)

Adam
Nun denn, zum Schluß jetzt, wenns gefällig ist.

(Er schenkt ein.)

Walter
Ihr seid zuweilen bei Frau Marthe wohl,
Herr Richter Adam. Sagt mir doch,
Wer, außer Ruprecht, geht dort aus und ein?

Adam
Nicht allzu oft, gestrenger Herr, verzeiht.
Wer aus und ein geht, kann ich Euch nicht sagen.

Walter
Wie? Solltet Ihr die Witwe nicht zuweilen
Von Eurem sel'gen Freund besuchen?

Adam
Nein, in der Tat, sehr selten nur.

Walter
Frau Marthe!

Habt Ihrs mit Richter Adam hier verdorben?
Er sagt, er spräche nicht mehr bei Euch ein?

Frau Marthe
Hm! Gnäd'ger Herr, verdorben? Das just nicht.
Ich denk, er nennt mein guter Freund sich noch.
Doch daß ich oft in meinem Haus ihn sähe,
Das vom Herrn Vetter kann ich just nicht rühmen.
Neun Wochen sinds, daß ers zuletzt betrat,
Und auch nur da noch im Vorübergehn.

Walter
Wie sagt Ihr?

Frau Marthe
Was?

Walter
Neun Wochen wärens—?

Frau Marthe
Neun,
Ja—Donnerstag sinds zehn. Er bat sich Samen
Bei mir, von Nelken und Aurikeln, aus.

Walter
Und—Sonntags—wenn er auf das Vorwerk geht—?

Frau Marthe
Ja, da—da guckt er mir ins Fenster wohl,
Und saget guten Tag zu mir und meiner Tochter;
Doch dann so geht er wieder seiner Wege.

Walter für sich.
Hm! Sollt ich auch dem Manne wohl—

(Er trinkt.)

Ich glaubte,
Weil Ihr die Jungfer Muhme dort zuweilen

In Eurer Wirtschaft braucht, so würdet Ihr
Zum Dank die Mutter dann und wann besuchen.

Adam
Wieso, gestrenger Herr?

Walter
Wieso? Ihr sagtet,
Die Jungfer helfe Euren Hühnern auf,
Die Euch im Hof erkranken. Hat sie nicht
Noch heut in dieser Sach Euch Rat erteilt?

Frau Marthe
Ja, allerdings, gestrenger Herr, das tut sie.
Vorgestern schickt' er ihr ein krankes Perlhuhn
Ins Haus, das schon den Tod im Leibe hatte.
Vorm Jahr rettete sie ihm eins vom Pips,
Und dies auch wird sie mit der Nudel heilen:
Jedoch zum Dank ist er noch nicht erschienen.

Walter verwirrt.
—Schenkt ein, Herr Richter Adam, seid so gut.
Schenkt gleich mir ein. Wir wollen eins noch trinken.

Adam
Zu Eurem Dienst. Ihr macht mich glücklich. Hier.

Er schenkt ein.

Walter
Auf Euer Wohlergehn!—Der Richter Adam,
Er wird früh oder spät schon kommen.

Frau Marthe
Meint Ihr? Ich zweifle.
Könnt ich Niersteiner, solchen, wie Ihr trinkt,
Und wie mein sel'ger Mann, der Kastellan,
Wohl auch, von Zeit zu Zeit, im Keller hatte,

Vorsetzen dem Herrn Vetter, wärs was anders:
Doch so besitz ich nichts, ich arme Witwe,
In meinem Hause, das ihn lockt.

Walter
Um so viel besser.

Elfter Auftritt

Licht, Frau Brigitte mit einer Perücke in der Hand, die Mägde treten auf. Die Vorigen.

Licht
Hier, Frau Brigitt, herein.

Walter
Ist das die Frau, Herr Schreiber Licht?

Licht
Das ist die Frau Brigitte, Ew. Gnaden.

Walter
Nun denn, so laßt die Sach uns jetzt beschließen.
Nehmt ab, ihr Mägde. Hier.

Die Mägde mit Gläsern usw. ab.

Adam währenddessen.
Nun, Evchen, höre,
Dreh du mir deine Pille ordentlich,
Wie sichs gehört, so sprech ich heute abend
Auf ein Gericht Karauschen bei euch ein.
Dem Luder muß sie ganz jetzt durch die Gurgel,
Ist sie zu groß, so mags den Tod dran fressen.

Walter erblickt die Perücke.
Was bringt uns Frau Brigitte dort für eine
Perücke?

Licht
Gnäd'ger Herr?

Walter
Was jene Frau uns dort für eine
Perücke bringt?

Licht
Hm!

Walter
Was?

Licht
Verzeiht—

Walter
Werd ichs erfahren?

Licht
Wenn Ew. Gnaden gütigst
Die Frau, durch den Herrn Richter, fragen wollen,
So wird, wem die Perücke angehört,
Sich, und das Weitre, zweifl ich nicht, ergeben.

Walter
—Ich will nicht wissen, wem sie angehört.
Wie kam die Frau dazu? Wo fand sie sie?

Licht
Die Frau fand die Perücke im Spalier
Bei Frau Margrete Rull. Sie hing gespießt,
Gleich einem Nest, im Kreuzgeflecht des Weinstocks,
Dicht unterm Fenster, wo die Jungfer schläft.

Frau Marthe
Was? Bei mir? Im Spalier?

Walter heimlich.
Herr Richter Adam,

Habt Ihr mir etwas zu vertraun,
So bitt ich, um die Ehre des Gerichtes,
Ihr seid so gut, und sagt mirs an.

Adam
Ich Euch—?

Walter
Nicht? Habt Ihr nicht—?

Adam
Auf meine Ehre—

Er ergreift die Perücke.

Walter
Hier die Perücke ist die Eure nicht?

Adam
Hier die Perück, ihr Herren, ist die meine!
Das ist, Blitz-Element, die nämliche,
Die ich dem Burschen vor acht Tagen gab,
Nach Utrecht sie zum Meister Mehl zu bringen.

Walter
Wem? Was?

Licht
Dem Ruprecht?

Ruprecht
Mir?

Adam
Hab ich Ihm, Schlingel,
Als Er nach Utrecht vor acht Tagen ging,
Nicht die Perück hier anvertraut, sie zum
Friseur, daß er sie renoviere, hinzutragen?

Ruprecht
Ob Er—? Nun ja. Er gab mir—

Adam
Warum hat er
Nicht die Perück, Halunke, abgegeben?
Warum nicht hat Er sie, wie ich befohlen,
Beim Meister in der Werkstatt abgegeben?

Ruprecht
Warum ich sie—? Gotts Himmel-Donner-Schlag!
Ich hab sie in der Werkstatt abgegeben.
Der Meister Mehl nahm sie—

Adam
Sie abgegeben?
Und jetzt hängt sie im Weinspalier bei Marthens?
O wart, Canaille! So entkommst du nicht.
Dahinter steckt mir von Verkappung was,
Und Meuterei, was weiß ich?—Wollt Ihr erlauben,
Daß ich sogleich die Frau nur inquiriere?

Walter
Ihr hättet die Perücke—?

Adam
Gnäd'ger Herr,
Als jener Bursche dort, vergangnen Dienstag,
Nach Utrecht fuhr mit seines Vaters Ochsen,
Kam er ins Amt, und sprach: "Herr Richter Adam,
Habt Ihr im Städtlein etwas zu bestellen?"
Mein Sohn, sag ich, wenn du so gut willst sein,
So laß mir die Perück hier auftoupieren—
Nicht aber sagt ich ihm: geh und bewahre
Sie bei dir auf, verkappe dich darin,
Und laß sie im Spalier bei Marthens hängen.

Frau Brigitte
Ihr Herrn, der Ruprecht, mein' ich, halt zu Gnaden,
Der wars wohl nicht. Denn da ich gestern nacht
Hinaus aufs Vorwerk geh, zu meiner Muhme,
Die schwer im Kindbett liegt, hört ich die Jungfer
Gedämpft, im Garten hinten, jemand schelten:
Wut scheint und Furcht die Stimme ihr zu rauben.
"Pfui, schäm Er sich, Er Niederträchtiger,
Was macht Er? Fort! Ich werd die Mutter rufen";
Als ob die Spanier im Lande wären.
Drauf: **Eve**! durch den Zaun hin: Eve! ruf ich.
Was hast du? Was auch gibts?—Und still wird es:
Nun? Wirst du antworten?—"Was wollt Ihr, Muhme?"
Was hast du vor? frag ich.—"Was werd ich haben?"
Ist es der Ruprecht?—"Ei so ja, der Ruprecht.
Geht Euren Weg doch nur."—So koch dir Tee.
Das liebt sich, denk ich, wie sich andre zanken.

Frau Marthe
Mithin—?

Ruprecht
Mithin—?

Walter
Schweigt! Laßt die Frau vollenden.

Frau Brigitte
Da ich vom Vorwerk nun zurückekehre,
Zur Zeit der Mitternacht etwa, und just,
Im Lindengang, bei Marthens Garten bin,
Huscht Euch ein Kerl bei mir vorbei, kahlköpfig,
Mit einem Pferdefuß, und hinter ihm
Erstinkts wie Dampf von Pech und Haar und Schwefel.
Ich sprech ein Gottseibeiuns aus, und drehe
Entsetzensvoll mich um, und seh, mein Seel,

Die Glatz, Ihr Herren, im Verschwinden noch,
Wie faules Holz, den Lindengang durchleuchten.

Ruprecht
Was! Himmel—Tausend

Frau Marthe
Ist Sie toll, Frau Briggy?

Ruprecht
Der Teufel, meint Sie, wärs—?

Licht
Still! Still!

Frau Brigitte
Mein Seel!
Ich weiß, was ich gesehen und gerochen.

Walter ungeduldig.
Frau, obs der Teufel war, will ich nicht untersuchen,
Ihn aber, ihn denunziert man nicht.
Kann Sie von einem andern melden, gut:
Doch mit dem Sünder da verschont Sie uns.

Licht
Wollen Ew. Gnaden sie vollenden lassen.

Walter
Blödsinnig Volk, das!

Frau Brigitte
Gut, wie Ihr befehlt.
Doch der Herr Schreiber Licht sind mir ein Zeuge.

Walter
Wie? Ihr ein Zeuge?

Licht
Gewissermaßen, ja.

Walter
Fürwahr, ich weiß nicht—

Licht
Bitte ganz submiß,
Die Frau in dem Berichte nicht zu stören.
Daß es der Teufel war, behaupt ich nicht;
Jedoch mit Pferdefuß, und kahler Glatze
Und hinten Dampf, wenn ich nicht sehr mich irre,
Hat seine völl'ge Richtigkeit!—Fahrt fort!

Frau Brigitte
Da ich nun mit Erstaunen heut vernehme,
Was bei Frau Marthe Rull geschehn, und ich,
Den Krugzertrümmerer auszuspionieren,
Der mir zu Nacht begegnet' am Spalier,
Den Platz, wo er gesprungen, untersuche,
Find ich im Schnee, Ihr Herrn, Euch eine Spur—
Was find ich euch für eine Spur im Schnee?
Rechts fein und scharf und nett gekantet immer,
Ein ordentlicher Menschenfuß,
Und links unförmig grobhin eingetölpelt
Ein ungeheurer klotz'ger Pferdefuß.

Walter ärgerlich.
Geschwätz, wahnsinniges, verdammenswürd'ges

Veit
Es ist nicht möglich, Frau!

Frau Brigitte
Bei meiner Treu!
Erst am Spalier, da, wo der Sprung geschehen,
Seht, einen weiten, schneezerwühlten Kreis,
Als ob sich eine Sau darin gewälzt;
Und Menschenfuß und Pferdefuß von hier,

Und Menschenfuß und Pferdefuß, und Menschenfuß und Pferdefuß,
Quer durch den Garten, bis in alle Welt.

Adam
Verflucht!—Hat sich der Schelm vielleicht erlaubt,
Verkappt des Teufels Art—?

Ruprecht
Was! Ich!

Licht
Schweigt! Schweigt!

Frau Brigitte
Wer einen Dachs sucht und die Fährt entdeckt,
Der Weidmann, triumphiert nicht so, als ich.
Herr Schreiber Licht, sag ich, denn eben seh ich,
Von Euch geschickt, den Würd'gen zu mir treten,
Herr Schreiber Licht, spart Eure Session,
Den Krugzertrümmrer judiziert Ihr nicht,
Der sitzt nicht schlechter Euch, als in der Hölle:
Hier ist die Spur, die er gegangen ist.

Walter
So habt Ihr selbst Euch überzeugt?

Licht
Ew. Gnaden,
Mit dieser Spur hats völl'ge Richtigkeit.

Walter
Ein Pferdefuß?

Licht
Fuß eines Menschen, bitte,
Doch praeter propter wie ein Pferdehuf.

Adam
Mein Seel, Ihr Herrn, die Sache scheint mir ernsthaft.

Man hat viel beißend abgefaßte Schriften,
Die, daß ein Gott sei, nicht gestehen wollen;
Jedoch den Teufel hat, soviel ich weiß,
Kein Atheist noch bündig wegbewiesen.
Der Fall, der vorliegt, scheint besonderer
Erörterung wert. Ich trage darauf an,
Bevor wir ein Konklusum fassen,
Im Haag bei der Synode anzufragen,
Ob das Gericht befugt sei, anzunehmen,
Daß Belzebub den Krug zerbrochen hat.

Walter
Ein Antrag, wie ich ihn von Euch erwartet.
Was wohl meint Ihr, Herr Schreiber?

Licht
Ew. Gnaden werden
Nicht die Synode brauchen, um zu urteiln.
Vollendet—mit Erlaubnis!—den Bericht,
Ihr, **Frau Brigitte**, dort; so wird der Fall
Aus der Verbindung, hoff ich, klar konstieren.

Frau Brigitte
Hierauf: Herr Schreiber Licht, sag ich, laßt uns
Die Spur ein wenig doch verfolgen, sehn,
Wohin der Teufel wohl entwischt mag sein.
"Gut", sagt er, "Frau Brigitt, ein guter Einfall;
Vielleicht gehn wir uns nicht weit um,
Wenn wir zum Herrn Dorfrichter Adam gehn."

Walter
Nun? Und jetzt fand sich—?

Frau Brigitte
Zuerst jetzt finden wir
Jenseits des Gartens, in dem Lindengange,
Den Platz, wo, Schwefeldämpfe von sich lassend,

Der Teufel bei mir angeprellt: ein Kreis,
Wie scheu ein Hund etwa zur Seite weicht,
Wenn sich die Katze prustend vor ihm setzt.

Walter
Drauf weiter?

Frau Brigitte
Nicht weit davon jetzt steht ein Denkmal seiner,
An einem Baum, daß ich davor erschrecke.

Walter
Ein Denkmal? Wie?

Frau Brigitte
Wie? ja, da werdet Ihr—

Adam für sich.
Verflucht, mein Unterleib.

Licht
Vorüber, bitte,
Vorüber, hier, ich bitte, Frau Brigitte.

Walter
Wohin die Spur Euch führte, will ich wissen!

Frau Brigitte
Wohin? Mein Treu, den nächsten Weg zu Euch,
Just wie Herr Schreiber Licht gesagt.

Walter
Zu uns? Hierher?

Frau Brigitte
Vom Lindengange, ja,
Aufs Schulzenfeld, den Karpfenteich entlang,
Den Steg, quer übern Gottesacker dann,
Hier, sag ich, her, zum Herrn Dorfrichter Adam.

Walter
Zum Herrn Dorfrichter Adam?

Adam
Hier zu mir?

Frau Brigitte
Zu Euch, ja.

Ruprecht
Wird doch der Teufel nicht
In dem Gerichtshof wohnen?

Frau Brigitte
Mein Treu, ich weiß nicht,
Ob er in diesem Hause wohnt; doch hier,
Ich bin nicht ehrlich, ist er abgestiegen:
Die Spur geht hinten ein bis an die Schwelle.

Adam
Sollt er vielleicht hier durchpassiert—?

Frau Brigitte
Ja, oder durchpassiert. Kann sein. Auch das.
Die Spur vornaus—

Walter
War eine Spur vornaus?

Licht
Vornaus, verzeihn Ew. Gnaden, keine Spur.

Frau Brigitte
Ja, vornaus war der Weg zertreten.

Adam
Zertreten. Durchpassiert. Ich bin ein Schuft.
Der Kerl, paßt auf, hat den Gesetzen hier
Was angehängt. Ich will nicht ehrlich sein,
Wenn es nicht stinkt in der Registratur.

Wenn meine Rechnungen, wie ich nicht zweifle,
Verwirrt befunden werden sollten,
Auf meine Ehr, ich stehe für nichts ein.

Walter
Ich auch nicht.

(Für sich.)

Hm! Ich weiß nicht, wars der Linke,
War es der Rechte? Seiner Füße einer—
Herr Richter! Eure Dose!—Seid so gefällig.

Adam
Die Dose?

Walter
Die Dose. Gebt! Hier!

Adam zu **Licht**.
Bringt dem Herrn Gerichtsrat.

Walter
Wozu die Umständ? Einen Schritt gebrauchts.

Adam
Es ist schon abgemacht. Gebt Sr. Gnaden.

Walter
Ich hätt Euch was ins Ohr gesagt.

Adam
Vielleicht, daß wir nachher Gelegenheit—

Walter
Auch gut.

Nachdem sich Licht wieder gesetzt.

Sagt doch, Ihr Herrn, ist jemand hier im Orte,
Der mißgeschaffne Füße hat?

Licht
Hm! Allerdings ist jemand hier in Huisum—

Walter
So? Wer?

Licht
Wollen Ew. Gnaden den Herrn Richter fragen—

Walter
Den Herrn Richter Adam?

Adam
Ich weiß von nichts.
Zehn Jahre bin ich hier im Amt zu Huisum,
Soviel ich weiß, ist alles grad gewachsen.

Walter zu **Licht**.
Nun? Wen hier meint Ihr?

Frau Marthe
Laß Er doch seine Füße draußen!
Was steckt Er untern Tisch verstört sie hin,
Daß man fast meint, Er wär die Spur gegangen.

Walter
Wer? Der Herr Richter Adam?

Adam
Ich? Die Spur?
Bin ich der Teufel? Ist das ein Pferdefuß?

Er zeigt seinen linken Fuß.

Walter
Auf meine Ehr. Der Fuß ist gut.

(Heimlich.)

Macht jetzt mit der Session sogleich ein Ende.

Adam
Ein Fuß, wenn den der Teufel hätt,
So könnt er auf die Bälle gehn und tanzen.

Frau Marthe
Das sag ich auch. Wo wird der Herr Dorfrichter—

Adam
Ach, was! Ich!

Walter
Macht, sag ich, gleich ein Ende.

Frau Brigitte
Den einz'gen Skrupel nur, Ihr würd'gen Herrn,
Macht, dünkt mich, dieser feierliche Schmuck!

Adam
Was für ein feierlicher—?

Frau Brigitte
Hier, die Perücke!
Wer sah den Teufel je in solcher Tracht?
Ein Bau, getürmter, strotzender von Talg,
Als eines Domdechanten auf der Kanzel!

Adam
Wir wissen hier zu Land nur unvollkommen,
Was in der Hölle Mod ist, **Frau Brigitte**!
Man sagt, gewöhnlich trägt er eignes Haar.
Doch auf der Erde, bin ich überzeugt,
Wirft er in die Perücke sich, um sich
Den Honoratioren beizumischen.

Walter
Nichtswürd'ger! Wert, vor allem Volk ihn schmachvoll
Vom Tribunal zu jagen! Was Euch schützt,

Ist einzig nur die Ehre des Gerichts.
Schließt Eure Session!

Adam
Ich will nicht hoffen—

Walter
Ihr hofft jetzt nichts. Ihr zieht Euch aus der Sache.

Adam
Glaubt Ihr, ich hätte, ich, der Richter, gestern,
Im Weinstock die Perücke eingebüßt?

Walter
Behüte Gott! Die Eur ist ja im Feuer,
Wie Sodom und Gomorrha, aufgegangen.

Licht
Vielmehr vergebt mir, gnäd'ger Herr! die Katze
Hat gestern in die seinige gejungt.

Adam
Ihr Herrn, wenn hier der Anschein mich verdammt:
Ihr übereilt Euch nicht, bitt ich. Es gilt
Mir Ehre oder Prostitution.
Solang die Jungfer schweigt, begreif ich nicht,
Mit welchem Recht ihr mich beschuldiget.
Hier auf dem Richterstuhl von Huisum sitz ich,
Und lege die Perücke auf den Tisch:
Den, der behauptet, daß sie mein gehört,
Fordr ich vors Oberlandgericht in Utrecht.

Licht
Hm! Die Perücke paßt Euch doch, mein Seel,
Als wär auf Euren Scheiteln sie gewachsen.

(Er setzt sie auf.)

Adam
Verleumdung!

Licht
Nicht?

Adam
Als Mantel um die Schultern
Mir noch zu weit, wieviel mehr um den Kopf.

Er besieht sich im Spiegel.

Ruprecht
Ei, solch ein Donnerwetter-Kerl!

Walter
Still, Er!

Frau Marthe
Ei, solch ein blitz-verfluchter Richter, das!

Walter
Noch einmal, wollt Ihr gleich, soll ich die Sache enden?

Adam
Ja, was befehlt Ihr?

Ruprecht zu **Eve**.
Eve, sprich, ist ers?

Walter
Was untersteht der Unverschämte sich?

Veit
Schweig du, sag ich.

Adam
Wart, Bestie! Dich fass' ich.

Ruprecht
Ei, du Blitz-Pferdefuß!

Walter
Heda! Der Büttel!

Veit
Halts Maul, sag ich.

Ruprecht
Wart! Heute reich ich dich.
Heut streust du keinen Sand mir in die Augen.

Walter
Habt Ihr nicht soviel Witz, Herr Richter—?

Adam
Ja, wenn Ew. Gnaden
Erlauben, fäll ich jetzo die Sentenz.

Walter
Gut. Tut das. Fällt sie.

Adam
Die Sache jetzt konstiert,
Und **Ruprecht** dort, der Racker, ist der Täter.

Walter
Auch gut das. Weiter.

Adam
Den Hals erkenn ich
Ins Eisen ihm, und weil er ungebührlich
Sich gegen seinen Richter hat betragen,
Schmeiß ich ihn ins vergitterte Gefängnis.
Wie lange, werd ich noch bestimmen.

Eve
Den **Ruprecht**—?

Ruprecht
Ins Gefängnis mich?

Eve
Ins Eisen?

Walter
Spart eure Sorgen, Kinder.—Seid Ihr fertig?

Adam
Den Krug meinthalb mag er ersetzen, oder nicht.

Walter
Gut denn. Geschlossen ist die Session.
Und Ruprecht appelliert an die Instanz zu Utrecht.

Eve
Er soll, er, erst nach Utrecht appellieren?

Ruprecht
Was? Ich—?

Walter
Zum Henker, ja! Und bis dahin—

Eve
Und bis dahin—?

Ruprecht
In das Gefängnis gehn?

Eve
Den Hals ins Eisen stecken? Seid Ihr auch Richter?
Er dort, der Unverschämte, der dort sitzt,
Er selber wars—

Walter
Du hörsts, zum Teufel! Schweig!
Ihm bis dahin krümmt sich kein Haar—

Eve
Auf, **Ruprecht**!
Der Richter Adam hat den Krug zerbrochen!

Ruprecht
Ei, wart, du!

Frau Marthe
Er?

Frau Brigitte
Der dort?

Eve
Er, ja! Auf, Ruprecht!
Er war bei deiner Eve gestern!
Auf! Fass' ihn! Schmeiß ihn jetzo, wie du willst.

Walter steht auf.
Halt dort! Wer hier Unordnungen—

Eve
Gleichviel!
Das Eisen ist verdient, geh, Ruprecht!
Geh, schmeiß ihn von dem Tribunal herunter.

Adam
Verzeiht, Ihr Herrn.

Läuft weg.

Eve
Hier! Auf!

Ruprecht
Halt ihn!

Eve
Geschwind!

Adam
Was?

Ruprecht
Blitz-Hinketeufel!

Eve
Hast du ihn?

Ruprecht
Gotts Schlag und Wetter!
Es ist sein Mantel bloß!

Walter
Fort! Ruft den Büttel!

Ruprecht schlägt den Mantel.
Ratz! Das ist eins. Und Ratz! Und Ratz! Noch eins.
Und noch eins! In Ermangelung des Buckels.

Walter
Er ungezogner Mensch!—Schafft hier mir Ordnung!
—An Ihm, wenn Er sogleich nicht ruhig ist,
Ihm wird der Spruch vom Eisen heut noch wahr.

Veit
Sei ruhig, du vertrackter Schlingel!

Zwölfter Auftritt

Die Vorigen ohne Adam.—Sie begeben sich alle in den Vordergrund der Bühne.

Ruprecht
Ei, Evchen!
Wie hab ich heute schändlich dich beleidigt!
Ei, Gotts Blitz, alle Wetter; und wie gestern!
Ei, du mein goldnes Mädchen, Herzens-Braut!
Wirst du dein Lebtag mir vergeben können?

Eve wirft sich dem Gerichtsrat zu Füßen.
Herr! Wenn Ihr jetzt nicht helft, sind wir verloren!

Walter
Verloren? Warum das?

Ruprecht
Herr Gott! Was gibts?

Eve
Errettet **Ruprecht** von der Konskription!
Denn diese Konskription—der Richter Adam
Hat mirs als ein Geheimnis anvertraut—
Geht nach Ostindien; und von dort, Ihr wißt,
Kehrt von drei Männern Einer nur zurück!

Walter
Was! Nach Ostindien! Bist du bei Sinnen?

Eve
Nach Bantam, gnäd'ger Herr; verleugnets nicht!
Hier ist der Brief, die stille heimliche
Instruktion, die Landmiliz betreffend,
Die die Regierung jüngst deshalb erließ:
Ihr seht, ich bin von allem unterrichtet.

Walter nimmt den Brief und liest ihn.
O unerhört-arglistiger Betrug!—
Der Brief ist falsch!

Eve
Falsch?

Walter
Falsch, so wahr ich lebe!
Herr Schreiber Licht, sagt selbst, ist das die Ordre,
Die man aus Utrecht jüngst an euch erließ?

Licht
Die Ordre! Was! Der Sünder, der! Ein Wisch,
Den er mit eignen Händen aufgesetzt!—

Die Truppen, die man anwarb, sind bestimmt
Zum Dienst im Landesinneren; kein Mensch
Denkt dran, sie nach Ostindien zu schicken!

Eve
Nein, nimmermehr, Ihr Herrn?

Walter
Bei meiner Ehre!
Und zum Beweise meines Worts: den Ruprecht,
Wärs so, wie du mir sagst: ich kauf ihn frei!

Eve steht auf.
O Himmel! Wie belog der Böswicht mich!
Denn mit der schrecklichen Besorgnis eben
Quält' er mein Herz, und kam, zur Zeit der Nacht,
Mir ein Attest für Ruprecht aufzudrängen;
Bewies, wie ein erlognes Krankheitszeugnis
Von allem Kriegsdienst ihn befreien könnte;
Erklärte und versicherte und schlich,
Um es mir auszufert'gen, in mein Zimmer:
So Schändliches, Ihr Herren, von mir fordernd,
Daß es kein Mädchenmund wagt auszusprechen!

Frau Brigitte
Ei, der nichtswürdig-schändliche Betrüger!

Ruprecht
Laß, laß den Pferdehuf, mein süßes Kind!
Sieh, hätt ein Pferd bei dir den Krug zertrümmert,
Ich wär so eifersüchtig just, als jetzt!

(Sie küssen sich.)

Veit
Das sag ich auch! Küßt und versöhnt und liebt euch;
Und Pfingsten, wenn ihr wollt, mag Hochzeit sein!

Licht am Fenster.
Seht, wie der Richter Adam, bitt ich euch,
Berg auf, Berg ab, als flöh er Rad und Galgen,
Das aufgepflügte Winterfeld durchstampft!

Walter
Was? Ist das Richter Adam?

Licht
Allerdings!

Mehrere
Jetzt kommt er auf die Straße. Seht! seht!
Wie die Perücke ihm den Rücken peitscht!

Walter
Geschwind, Herr Schreiber, fort! Holt ihn zurück!
Daß er nicht Übel rettend ärger mache.
Von seinem Amt zwar ist er suspendiert,
Und Euch bestell ich, bis auf weitere
Verfügung, hier im Ort es zu verwalten;
Doch sind die Kassen richtig, wie ich hoffe,
Zur Desertion ihn zwingen will ich nicht.
Fort! Tut mir den Gefallen, holt ihn wieder!

(**Licht** ab.)

Letzter Auftritt

Die Vorigen ohne Licht.

Frau Marthe
Sagt doch, gestrenger Herr, wo find ich auch
Den Sitz in Utrecht der Regierung?

Walter
Weshalb, Frau Marthe?

Frau Marthe empfindlich.
Hm! Weshalb? Ich weiß nicht—
Soll hier dem Kruge nicht sein Recht geschehn?

Walter
Verzeiht mir! Allerdings. Am großen Markt,
Am Dienstag ist und Freitag Session.

Frau Marthe
Gut! Auf die Woche stell ich dort mich ein.

(Alle ab.)